# Die humanitäre Intervention
## am Beispiel des NATO-Einsatzes im Kosovo

von

Aigul Taskushina

Tectum Verlag
Marburg 2000

Die Deutsche Bibliothek - CIP-Einheitsaufnahme

**Taskushina, Aigul:**
Die humanitäre Intervention am Beispiel des NATO-Einsatzes im Kosovo
/ von Aigul Taskushina
- Marburg : Tectum Verlag, 2000
ISBN 978-3-8288-8162-4

© Tectum Verlag

Tectum Verlag
Marburg 2000

3

# INHALTSVERZEICHNIS

**Eigentlich unglaublich,**

*daß ihnen das immer wieder gelingt...*


*Deinem Urgroßvater haben sie erzählt:*

*gegen den Erbfeind.*

*Für das Vaterland.*

*Und er hat das tatsächlich geglaubt.*

*Und was hat er gekriegt?*

*Granatsplitter in Beine*

*und Kopp*

*vor Verdun.*


*Deinem Großvater sagten sie:*

*Gegen die slawischen Horden.*

*Für die abendländische Kultur.*

*Er hat das wirklich geglaubt.*

*Was hat er gekriegt?*

*Bauchschuß und*

*einen verrückten Kopp*

*vor Stalingrad.*


*Deinem Vater erzählen sie jetzt:*

*Gegen die Völkermörder.*

*Für die Menschenrechte.*

*Für den Frieden.*

*Unglaublich – er glaubt es.*

*Was er wohl kriegt?*

*und wo wird das sein –*

*diesmal?*


Franz Josef Degenhardt

# I. EINLEITUNG

*Kriegführen ist keine Frage des Rechts,*
*sondern eine der Macht.*

(Wolfgang Pohrt)

Die Auflösung der bipolaren Weltordnung zu Beginn der 90er Jahre hat das politische, wirtschaftliche und gesellschaftliche Gesicht Europas grundlegend verändert. Während sich die jungen postkommunistischen Staaten im östlichen Europa inmitten umfassender ökonomischer und politischer Transformationsprozesse befinden, sieht sich die westliche Staatengemeinschaft vor die Aufgabe gestellt, ihre zukünftige Rolle, ihre innere Verfaßtheit und ihr Verhältnis zu den ehemaligen Ostblockstaaten neu zu definieren. Ende 1998/Anfang 1999 stand sie vor dem Problem:

Es ist Krieg – mitten in Europa. Kosovo versinkt immer tiefer im blutigen Chaos. Tausende Tote sind zu beklagen. Viele Hunderttausend von Menschen sind vertrieben oder auf der Flucht. Tag für Tag geben Berichte über Sammellager und Hinrichtungen, über Verstümmelungen und Vergewaltigungen Zeugnis ab von einem Europa, in dem aufs neue Grauen, Wahnsinn und Barbarei Einzug gehalten haben.

Wer trennt die streitenden Parteien? Wer bestraft die Mörder? Wer schützt die Gequälten? Mit welchen Mitteln? Mit Worten? Mit Taten? Auch mit militärischen? Auch mit Krieg?

Diese Arbeit setzt sich darüber hinaus unter einem spezifischen Aspekt mit dem Konflikt im Kosovo auseinander. Vor dem Hintergrund der Erfahrungen mit dem mühsam beendeten Blutvergießen und den Vertreibungen in Bosnien-Herzegowina wird nicht nur von Politikern der Kosovo-Albaner und des Nachbarlandes Albanien, sondern auch zunehmend in der westlichen Öffentlichkeit ein militärisches Eingreifen gefordert. Der Blick ist auf die Nordatlantische Vertragsorganisation (NATO) gerichtet, der als einziger Sicherheitsorganisation zugetraut wird, militärisch wirksame Maßnahmen zu ergreifen. Die Allianz droht seit März 1998 der Belgrader Führung eine Intervention gegen die jugoslawische Armee und die serbischen Spezialeinheiten im Kosovo an. Im Juni 1998 wurden die Planungen für militärische Maßnahmen intensiviert, ab Ende Juli wurden konkrete Vorbereitungen für eine Intervention getroffen.

Eine militärische Intervention stößt aber nicht nur in Belgrad auf Ablehnung, sondern auch in Moskau und Peking. Damit ist die Zustimmung im Sicherheitsrat der Vereinten Nationen zu militärischen Maßnahmen gegen die BRJ unwahrscheinlich. Dennoch besteht ein Teil der westlichen Politiker darauf, nur eine Legitimation durch den UN-Sicherheitsrat ermögliche der NATO ein Eingreifen. Ein eigenmächtiges Vorgehen der westlichen Allianz sei ein völkerrechtlich problematischer Präzedenzfall, der nachhaltige Schäden in den internationalen Beziehungen verursache. De facto bedeutet diese Position den Verzicht auf militärische Maßnahmen, wenn die russische und chinesische Führung bei ihrer Auffassung bleiben. Weil dies Milosevic freie Hand lasse und sich die Tragödie von Bosnien-Herzegowina zu wiederhaben drohe, verlangen jene Politiker, die nur in einer militärischen Intervention die Chance sehen, der Gewalt und der Eskalation der Krise Einhalt zu gebieten, ein militärisches Eingreifen auch ohne Zustimmung bzw. Autorisierung durch die Vereinten Nationen. Mit dem Eingreifen im Kosovo ist also ein Präzedenzfall geschaffen: Zum erstenmal in ihrer Geschichte hat die NATO *peace-* bzw. *law-enforcement* in eigener Regie, und zwar außerhalb ihrer in Art. 5 fixierten Verteidigungsfunktion und außerhalb ihres Vertragsgebietes, wahrgenommen.

In der nachfolgenden Arbeit wird das Problem der Rechtfertigung des NATO-Einsatzes im Kosovo untersucht. Die Rechtmäßigkeit des NATO-Einsatzes wird allgemein unter dem Gesichtspunkt der humanitären Intervention erörtert. Dies geschieht in drei Schritten: Zuerst werden der Verlauf des Konflikts und die sich verstärkenden Konfliktdimensionen nachgezeichnet. In einem zweiten Schritt wird dann offizielle Rechtfertigung dargestellt. Darauf aufbauend werden schließlich in einem dritten Schritt zwei Ansichten vorgestellt, nämlich eine für und eine andere gegen die Rechtfertigung der Intervention. Dies erfordert auch eine Darstellung der öffentlichen Meinung.

## II. DER BEGRIFF DER HUMANITÄREN INTERVENTION

Im Kontext neuer Krisenszenarien nach dem Kalten Krieg hat sich Anfang der 90er Jahre eine immer breitere Diskussion über Intervention und Interventionsberechtigung begonnen. Vor allem die Intervention im Zusammenhang mit dem Krieg gegen Irak 1990/91 und dem Engagement im Jugoslawien seit 1992 hat auch zu einer veränderten Interpretation des Begriffs „Intervention" geführt.

Deshalb ist es notwendig, von Anfang an Definition der humanitären Intervention zu geben.

Dafür soll in einem ersten Abschnitt zunächst das Wesen der humanitären Intervention geklärt werden und dann näher auf die Beteiligten der humanitären Intervention eingegangen werden. Im dritten Abschnitt soll eine umfassende Definition der humanitären Intervention gegeben werden.

### 1. Das Wesen der humanitären Intervention

Intervention ist, ungeachtet ihrer Rechtmäßigkeit, jede unter Anwendung von Zwang erfolgende zwischenstaatliche Einflußnahme eines Staates auf die Entscheidungsfreiheit eines anderen Staates[1].

Durch das Attribut „humanitär" wird die Zielrichtung der Intervention gekennzeichnet. Aus dem Spektrum aller denkbaren Interventionen werden damit zugleich begrifflich die Zwangsmaßnahmen ausgeschieden, die nicht einem humanitären Zweck dienen.

Nach allgemeinem Sprachgebrauch bedeutet „humanitär" die Ausrichtung eines Verhaltens auf die Förderung des Wohls des Mitmenschen. Im rechtlichen Bereich manifestiert sich diese Ausrichtung insbesondere darin, daß dem Individuum gewisse unveräußerliche Rechte, die sog. Menschenrechte, zuerkannt werden und eine entsprechende Bindung der Staatsgewalt erfolgt. „Humanitär" bedeutet daher im rechtlichen Zusammenhang die Ausrichtung eines Verhaltens auf die Gewährleistung der Menschenrechte. Unter einer humanitären Intervention ist daher grundsätzlich die zwischenstaatliche Zwangsanwendung zur Gewährleistung der Menschenrechte zu verstehen[2].

---

[1] Definition ist aus Pauer, S. 11 entgegengenommen.
[2] Vgl. Pauer, S. 14

Die Zwangsanwendung zur Gewährleistung von Rechten setzt in jeder Rechtsordnung, gleich ob sie durch eine übergeordnete Zentralgewalt oder durch die Subjekte der Rechtsordnung selbst im Rahmen einer Selbsthilfehandlung erfolgt, zunächst den Bestand des Rechts selbst voraus. Ferner muß denjenigen, der zur Beachtung des Rechts gezwungen werden soll, auch eine diesbezügliche Verpflichtung treffen. Schließlich muß auch derjenige, der gegen den Rechtsbrecher Zwangsmaßnahmen ergreift, hierzu rechtlich legitimiert sein.

Die humanitäre Intervention setzt daher begrifflich ein Dreifaches voraus:

1. die Anerkennung der Menschenrechte durch die Völkerrechtsordnung (dazu a)

2. die Verpflichtung des Interventionsobjektes zur Beachtung dieser Menschenrechte (dazu b)

3. das Recht des Intervenienten, das Interventionsobjekt zur Beachtung der Menschenrechte zu zwingen (dazu c).

## a) Die Menschenrechte

Die Anerkennung der Menschenrechte als Bestandteil der Völkerrechtsordnung und die damit verbundene Anerkennung des Individuums als Träger völkerrechtlicher Rechte und Pflichten stellt eine grundlegende Neuerung des modernen Völkerrechts dar[3]. Gerade im 19. Jahrhundert entwickelte sich das Konzept der humanitären Intervention als grundlegende Ausnahme zur Mediatisierung der Menschenrechte durch die nationalen Rechtsordnung. Um die Jahrhundertwende verstärkten sich die Bemühungen, dem einzelnen auch völkerrechtlichen Schutz zukommen zu lassen. Sie fanden u.a. Ausdruck in den großen Kodifikationen des Haager und des Genfer Rechts. Weitere Schritte in diese Richtung erfolgten durch die Völkerbundssatzung und in den Minderheitsverträgen der Zwischenkriegszeit. Der entscheidende Durchbruch erfolgte indessen erst mit dem Inkrafttreten der UN-Charta im Jahre 1945.

> „It is in the Charter of the United Nations that the individual human being first appears as entitled to fundamental human rights and freedoms"[4].

---

[3] Das klassische Völkerrecht war vielmehr auf ein reines Zwischenstaatenrecht reduziert, in dem nur den souveränen Staaten die Völkerrechtssubjektivität zukam und die Regelung der Beziehungen zwischen dem Individuum und der Gemeinschaft den nationalen Rechtsordnungen vorbehalten war. Vgl. allg. Schaumann, Schutz der Menschenrechte; Schwelb; McDougal/Lasswell/Chen; Lauterpacht

[4] Vgl. Lauterpacht, S. 33

Zaghaft noch, aber unübersehbar[5] wurden die Staaten und die sich organi-
sierende Weltgemeinschaft bereits durch diese Charta der Vereinten Nationen[6]
auf die Achtung der Menschenrechte und Grundfreiheiten verpflichtet. Den An-
satz zu eigenständiger Weiterführung dieser Verpflichtungen lieferte die Allgemeine Erklärung der Menschenrechte vom 10. Dezember 1948[7].

Seit dem eindeutigen Menschenrechtsbekenntnis der Vereinten Nationen
und dessen Wiederholung in zahllosen UN-Deklarationen und Resolutionen hat
sich in der Völkerrechtslehre ganz allgemein die durch die Praxis bestätigte
Überzeugung durchgesetzt, daß zumindest der Kernbestand der Menschenrechte
Voraussetzung allen Rechts schlechthin, also auch des Völkerrechts, ist und ihre
Positivierung im Staats- und Völkerrecht lediglich deklaratorischen und nicht
konstitutiven Charakter hat[8].

**b) Die Verpflichtung der Staaten zur Beachtung
des sog. humanitären Mindeststandards**

Um die rechtlichen Voraussetzungen für eine humanitäre Intervention zu kontu-
rieren, ist in einem ersten Schritt der Grad menschenrechtlicher Verletzungen zu
bestimmen, der einen derartigen Eingriff in das Fundament staatlicher Souveränität „rechtfertigt". Im Vordergrund steht dabei die Angabe, Qualität und Gra-
vität der Mißachtung humanitären Standards gleichsam als Untergrenze[9] einer
Interventionsmaßnahme zu umschreiben. Angesichts des „beinahe grenzenlosen
Spektrums"[10] dessen, was unter dem Begriff der Menschenrechte in internationalen Kodifikationen und Verträgen niedergeschrieben wurde, sieht sich die
Völkerrechtslehre gezwungen, diejenigen Menschenrechte zu bestimmen, deren
Verletzungen den *„casus interventionis"* auszulösen vermögen.

---

[5]  Vgl. Klein, in: EuGRZ, S. 238
[6]  Vgl. Art. 56 i.V.m. Art. 57 lit. c) UN-Charta
[7]  Die AEMR ist von mittelbarer rechtlicher Bedeutung, weil sie in Erklärungen zahlreicher
Staaten der Vereinten Nationen, internationalen Gerichtsentscheidungen und Rechtsakten
in Bezug genommen wird. Siehe etwa das Urteil über die Geiselnahme des amerikani-
schen Botschaftspersonals in Teheran, in dem der IGH unmittelbar auf die AEMR Bezug
genommen hat, ICJ Reports 1980, S. 42=EuGRZ 1980, S. 394 ff.
[8]  Vgl. Pauer, S. 16
[9]  Vgl. Blanke, in: AVR, S. 259
[10]  Vgl. Pauer, S. 16

Es liegt auf der Hand, daß kein Staat zur unbedingten Beachtung aller Rechte verpflichtet sein kann (z. B. wirtschaftliche und soziale Rechte[11]).

Indessen sind sich die Lehre und Praxis darüber einig, daß die Staaten verpflichtet sind, einen gewissen Kernbestand der Menschenrechte zu jeder Zeit und unbedingt zu beachten. Man spricht insofern vom sog. *humanitären Mindeststandard*[12]. Dieser ist Bestandteil des nicht-derogierbaren völkerrechtlichen *jus cogens* und gehört zu den *„general principles of law recognized by civilised nations"* im Sinne des Art. 38 I lit. c des IGH-Statuts. Der IGH hat in seiner Rechtsprechung mehrfach einen gewohnheitsrechtlich geltenden menschenrechtlichen *ordre public* anerkannt[13].

Der Umfang dieses humanitären Mindeststandards[14] ist nirgendwo ausdrücklich fixiert. Er ergibt sich jedoch mittelbar aus verschiedenen Menschenrechtspakten:

Zum einen erklären Art. 15 EMRK, Art. 2 IV des Internationalen Paktes über bürgerliche und politische Rechte sowie Art. 27 III der Charta von San Jose gewisse elementare Menschenrechte auch in Notstandsfällen für nicht derogierbar, namentlich das Recht auf Leben, das Verbot der Folter, das Verbot der Sklaverei, bestimmte rechtsstaatliche Verfahrensgarantien und die Gewissens- und Religionsfreiheit.

Zum anderen erklärt der allen vier Genfer Abkommen von 1949 gemeinsame Art. 3, der nach neuerer Auffassung auch für innere Unruhen gelten soll, folgendes zum unabdingbaren *jus cogens*:

> „Personen, die nicht unmittelbar an den Feindseligkeiten teilnehmen..., werden unter allen Umständen mit Menschlichkeit behandelt, ohne jede Rasse, Farbe, Religion oder Glauben; Geburt oder Vermögen oder auf irgendeinem anderen ähnlichen Unterscheidungsmerkmal beruhende Benachteiligung.

---

[11]  wie z.B. das Rechts auf Arbeit, aber auch das Rechts auf Frieden und Entwicklung.

[12]  Vgl. Beyerlin, S. 20 („die Summe minimaler Menschenrechte, deren Beachtung gegenüber jedermann die völkerrechtliche Verpflichtung aller Staaten ist"); Meyer-Lindenberg, S. 89; Dahm, S. 433, Bd. I

[13]  IGH, Nicaragua v. USA, ICJ Reports 1948, S. 14

[14]  Der sog. humanitäre Mindeststandard ist zu unterschieden vom sog. fremdenrechtlichen Mindeststandard. Dieser beruht auf der heute nicht mehr haltbaren These, daß ein jeder Staat verpflichtet ist, den sich innerhalb seiner Staatsgrenzen aufhaltenden ausländischen Staatsbürgern einen gewissen Mindeststandard von Rechten zu gewähren, und zwar insbesondere dann, wenn der nationale Standard des Aufenthaltsstaates hinter dem Mindeststandard der zivilisierten Staaten zurückbleibt. Vgl. Roth

Zu diesem Zweck sind und bleiben in Bezug auf die oben erwähnten Personen jederzeit und überall verboten:

a. Angriffe auf das Leben und die Person, namentlich Tötung jeder Art, Verstüm-
melung, grausame Behandlung und Folterung

b. Das Festnehmen von Geiseln

c. Beeinträchtigung der persönlichen Würde, namentlich erniedrigende und entwür-
digende Behandlung

d. Verurteilung und Hinrichtung ohne vorhergehendes Urteil eines ordentlich be-
stellten Gerichts, das die von den zivilisierten Völkern als unerläßlich anerkannten Rechtsgarantien bietet".

Menschenrechtsschutz wird auf Weltebene nämlich nicht nur durch die speziellen Menschenrechtskodifikationen, sondern auch durch das humanitäre Völkerrecht als dem Recht der bewaffneten Konflikte gewährt.

Zum humanitären Mindeststandard werden ferner Art. 1 und 2 der Genozid-Konvention gerechnet:

„Any of the following acts committed with intent to destroy, in whole or in part, na-
tional, racial or religious groups as such.

a. Killing members of the group

b. Causing serious bodily harm to members of the group

c. Deliberately inficting on the group conditions of life calculated to bring about ist
physical destruction in whole or in part".

Gegenstand des humanitären Mindeststandards sind daher unbestritten zumindest folgende grundlegende Menschenrechte:

a. das Recht auf Leben

b. das Recht auf körperliche Unversehrtheit

c. das Recht, nicht gefoltert zu werden oder einer anderen unmenschlichen oder
entwürdigenden Behandlung unterworfen zu werden

d. das Recht, nicht in Sklaverei oder Knechtschaft gehalten zu werden

e. das Recht, nicht aus rassischen, weltanschaulichen oder ähnlichen Gründen diskriminiert oder verfolgt zu werden[15].

---

[15] Vgl. Pauer, S. 16; Pare, S. 62 ff.; im Ergebnis ebenso: Rumpf, S. 38, sowie Isensee, S.
426; enger hinsichtlich des Rechts auf Leben und körperliche Unversehrtheit Gading, S.
153 ff. (164 f.), wonach neben dem Verdikt der Sklaverei sowie der rassischen Diskriminierung allein „das Verbot des Völkermordes" eine erga-omnes-Wirkung entfaltet; eine
Verletzung dieser Pflichten führe zu einer Friedensbedrohung nach Art. 39 SVN. Zugleich

Dieser Katalog ist nunmehr durch die in Art. 7 der in Rom beschlossenen Statuts des Internationalen Strafgerichtshofs (IStGH-Statut) spezifierten und definierten Verbrechen gegen die Menschlichkeit nachdrücklich bestätigt worden[16].

Allein die Verletzung dieser Rechte kann daher Grundlage einer humanitären Intervention sein.

### c) Das Recht des Intervenienten, den humanitären Mindeststandard zu vindizieren

Das Recht eines Intervenienten zur Gewährleistung des humanitären Mindeststandards zu intervenieren, ist Gegenstand der vorliegenden Arbeit. Es wird untersucht werden, ob und unter welchen Voraussetzungen die humanitäre Intervention (in unserem Fall der NATO im Kosovo vom 24. März bis 9. Juni 1999) rechtmäßig, gerechtfertigt oder zumindest entschuldigt sein kann.

Zweck der humanitären Intervention ist es nach den bisherigen Ausführungen, die Beachtung des humanitären Mindeststandards durch die Mitglieder der internationalen Gemeinschaft zu gewährleisten.

Die internationale Rechtsordnung befindet sich immer noch auf einer relativ niedrigen Entwicklungsstufe[17], ist jedoch auf dem Wege allmählicher Integration begriffen. Zur Zeit des klassischen Völkerrechts setzte sich die internationale Gemeinschaft ausschließlich aus gleichberechtigten, souveränen Staaten zusammen, die keine Gewalt über sich duldeten. Die Gewährleistung der internationalen Rechtsordnung erfolgte unilateral oder kollektiv durch die Mitglieder der internationalen Gesellschaft selbst, wozu auf eine Reihe mehr oder weniger anerkannter Selbsthilferechte, wie die Selbstverteidigung, die Repressalie oder die Intervention, zurückgegriffen werden konnte. Auch die Gewährleistung des humanitären Mindeststandards erfolgte daher im Wege unilateraler oder kollektiver Selbsthilfe. In der Charta der Vereinten Nationen ist nunmehr erstmals einer internationalen Organisation die Kompetenz verliehen worden, verbindliche Zwangsmaßnahmen zur Gewährleistung der internationalen Rechtsordnung zu ergreifen. Nach Maßgabe des VII. Kapitels der UN-Charta kann der Sicherheitsrat wirtschaftliche oder militärische Zwangsmaßnahmen gegen den Rechtsbre-

---

deutet sich in ihren Augen aber eine Entwicklung an, dem Recht auf eine demokratische Staatsform ebenfalls eine erga-omnes Wirkung zuerkennen.

[16] Vgl. Document A/Conf. 183/9 v. 17.7.1998

[17] So z.B. Pauer, S.19

cher anordnen. Wie sich aus Art. 53 Ziff. 1 S. 2 der UN-Charta ergibt, können jedoch auch Regionale Organisationen selbst in eigener Regie Zwangsmaßnahmen zur Friedenssicherung beschließen und durchführen[18]. Erforderlich ist allerdings eine entsprechende Ermächtigung durch den Sicherheitsrat.

Nach mittlerweile herrschender Ansicht fällt die NATO nicht unter den Begriff der Regionalen Organisationen, sondern unter den des kollektiven Verteidigungsbündnisses nach Art. 51 UN-Charta. Und es gab keine Ermächtigung durch den Sicherheitsrat zu den militärischen Einsätzen im Kosovo. Diese Fragen zu klären, ist die Aufgabe vorliegender Arbeit.

## 2. Die Beteiligten der humanitären Intervention

Aus den bisher gemachten Ausführungen folgt unmittelbar die Festlegung der Begünstigten der humanitären Intervention (dazu a), des Interventionsobjektes (dazu b) und der Intervenienten (dazu c).

### a) Die Begünstigten

Grundsätzlich ist jeder Staat verpflichtet, den seiner Gebietshoheit unterstehenden Personen und Personengruppen, unabhängig von deren Staatsangehörigkeit, den im humanitären Mindeststandard zusammengefaßten Kernbereich der Menschenrechte zu garantieren. Eine Anknüpfung an die Staatsangehörigkeit des einzelnen ist grundsätzlich mit der Natur der Menschenrechte unvereinbar. Sowohl aus rechtlichen als auch aus tatsächlichen Gründen ist bei der zwangsweisen Gewährleistung des humanitären Mindeststandards jedoch zwischen folgenden Personengruppen zu unterscheiden[19]:

- Staatsangehörige des Intervenienten
- Staatsangehörige des Interventionsobjektes
- Staatsangehörige dritter Staaten.

In dieser Arbeit wird nur die zweite Gruppe erwähnt, als Begünstigten kommen also die Kosovo-Albaner hier in Betracht.

Interveniert ein Staat zum Schutz der Staatsangehörigen des Interventionsobjektes, so fehlt es mangels einer der Intervenienten und die Begünstigten

---

[18] Art. 53 stellt damit neben dem Selbstverteidigungsrecht nach Art. 51 eine weitere Ausnahme vom Gewaltverbot nach Art. 2 Ziff. 4 dar.

[19] Vgl. Pauer, S. 20

verbindenden Staatsangehörigkeit an der Selbstbetroffenheit des Intervenienten und damit an einer Möglichkeit, das Vorgehen als Selbstverteidigung oder ähnliches zu rechtfertigen. Die Rechtfertigung der Intervention zum Schutz fremder Staatsangehöriger ist daher anderswo herzuleiten. Anders als die Intervention zum Schutz der eigenen Staatsbürger im Ausland kann sich diese Intervention in der Regel auch nicht auf eine räumlich und zeitlich begrenzte Rettungsaktion beschränken. Eine Evakuierung der betroffenen Personen, namentlich des gesamten fremden Staatsvolkes, kommt hier nicht in Betracht. Die Wiederherstellung eines menschenrechtsgemäßen Zustandes erfordert hier vielmehr durchwegs eine länger andauernde Besetzung des Territoriums des Interventionsobjektes und einschneidende Veränderung in dessen Autoritätsstrukturen. Nur bei dieser Art der Intervention handelt es sich um eine humanitäre Intervention im eigentlichen und klassischen Sinne, und allein solche Intervention wird eingehend im Kapitel III erläutert.

### b) Das Interventionsobjekt

Als Objekt einer humanitären Intervention kommen grundsätzlich nur Staaten in Betracht. Dies ergibt sich zum einen bereits aus der Definition der Intervention als zwischenstaatliche Zwangsausübung, folgt aber auch daraus, daß lediglich Staaten zur Gewährleistung des humanitären Mindeststandards verpflichtet sind.

Die Verletzung des humanitären Mindeststandards muß dem Interventionsobjekt jedoch zurechenbar sein. Die Zurechnung ist unproblematisch, wenn die Menschenrechtsverletzung unmittelbar auf einem Verhalten des Zielstaats beruht. Dieses kann in einem aktiven Tun, etwa in Form vorsätzlicher Repression, bestehen oder aber in einem Unterlassen, wie z.B. dem Verhungernlassen der Opfer. Aber auch Menschenrechtsverletzungen, die sich nicht unmittelbar auf ein positives Tun oder ein Unterlassen der Staatsgewalt zurückführen lassen, wie etwa gegen die Bevölkerung verübte Gewaltakte terroristischer Vereinigungen oder militanter Minderheiten, sind grundsätzlich dem Zielstaat zuzurechnen, da dieser schlechthin zur Aufrechterhaltung von Recht und Ordnung auf seinem Staatsgebiet verpflichtet ist.

Das Interventionsobjekt in unserem Fall ist die Bundesrepublik Jugoslawien (weiter: BRJ).

### c) Die Intervenienten

Ebenfalls bereits aus der Definition der Intervention als zwischenstaatlicher Zwangsausübung ergibt sich, daß als Träger humanitärer Interventionen grundsätzlich nur Staaten in Betracht kommen oder aber internationale Staatenzusammenschlüsse, sofern sie eigene Rechtspersönlichkeit besitzen und ihnen durch Gründungsvertrag verbindliche Zwangskompetenzen gegenüber den Mitgliedstaaten übertragen worden sind, die auch zur Gewährleistung des humanitären Mindeststandards eingesetzt werden können.

Als Träger humanitärer Interventionen kommen daher private Menschenrechtsorganisationen, wie z.b. Amnesty International, die Internationale Juristenkommission u.a.m., genausowenig in Betracht wie rein humanitäre Hilfsorganisationen, wie das IKRK und die verschiedenen kirchlichen Hilfseinrichtungen, die zwar einen gewichtigen Beitrag zur weltweiten Promotion der Menschenrechte bzw. zur Linderung humanitärer Notstandslagen leisten[20], jedoch in Ermangelung eines effektiven Zwangspotentials bereits aus tatsächlichen Gründen außerstande sind, humanitäre Intervention durchzuführen, und im übrigen mangels Völkerrechtssubjektivität nicht zur Gewährleistung der internationalen Rechtsordnung berufen sind.

Als Interveniente kommt hier die NATO in Betracht.

### 3. Definition der humanitären Intervention

Aus den zum Interventionsbegriff im allgemeinen und den zur humanitären Intervention im speziellen gemachten Ausführungen ergibt sich folgende Definition der humanitärer Intervention:

> Eine humanitäre Intervention ist
> unabhängig von deren Rechtmäßigkeit
> jede unter Anwendung von Zwang
> durch einen oder mehrere Staaten oder durch eine mit entsprechenden Zwangskompetenzen ausgestattete internationale Organisation erfolgende
> zwischenstaatliche Einflußnahme auf die Entscheidungsfreiheit eines anderen Staates
> mit dem Ziel, diesen zur Beachtung des humanitären Mindeststandards gegenüber seinen eigenen Staatsbürgern zu veranlassen.

---

[20] Näher dazu Wiseberg/Scoble

## Exkurs I:
### Der bewaffnete Einsatz von Streitkräften als Ultima Ratio

Und zuletzt ist folgendes zu erwähnen:

Ein breit definiertes Konzept der humanitären Intervention umfaßt eine Vielzahl von Einwirkungsmöglichkeiten auch unterhalb der Schwelle der Gewaltanwendung, die alle genutzt werden sollen (nach herrschender Meinung wurden sie im Falle des Kosovo-Konflikts nicht alle genutzt[21]). Das heißt, daß militärische Mittel hinter nichtmilitärischen Mitteln und Maßnahmen zurückzustehen haben. Oder noch deutlicher: Auch wenn – oder je nach Perspektive: solange – bewaffnete Streitkräfte noch existieren[22], kann und darf ihr Einsatz doch nicht mehr sein als eine *ultima ratio*. Der Einsatz von Militär und Rüstung muß *ultima ratio* bleiben. Mehr noch: Recht verstanden, ist der Einsatz bewaffneter Streitkräfte zur Wahrung von Menschenrechten eine *contradictio in ipso,* ein Widerspruch in sich. Menschenrechte besitzen eine zivile Logik: Menschen und ihre Rechte dürfen nicht im Namen der Menschenrechte militärisch vernichtet oder verletzt werden.

Wer nach Versagen aller nichtmilitärischen Möglichkeiten und mit Blick auf die Realität gleichwohl als *ultima ratio* militärische Maßnahmen (von der bewaffneten Blockade über die militärische Teilintervention bis hin zum umfassenden Krieg) nicht ausschließen mag, muß mindest zwei Bedingungen stellen:

- Der militärische Einsatz muß möglichst umfassend von der Völker- und Staatengemeinschaft legitimiert werden .

- Der militärische Einsatz muß dem Grundsatz der Verhältnismäßigkeit entsprechen.

---

[21] So z.B. Hilpold, S. 188 und die russische offizielle Meinung
[22] Vgl. Lutz, S. 91

## III. DIE HUMANITÄRE INTERVENTION DER NATO IM KOSOVO (24. MÄRZ – 9. JUNI 1999)

### 1. Die Vorgeschichte

#### a) Zum Verlauf des Konflikts

Das Kosovo-Problem ist ein klassisches Beispiel für einen Territorialkonflikt, in dem historisch begründete mit ethnisch fundierten Ansprüchen zusammenprallen[23]. Kosovo liegt zwischen Serbien, Montenegro und Mazedonien und hat ohne Flüchtlinge und Langzeitemigranten 2,2 Mio. Einwohner[24]. Davon sind 92% Albaner, ferner leben dort Serben[25], Roma, Türken, Bosniaken und Kroaten usw. Über die Hälfte der Bevölkerung ist unter 19 Jahre alt. Kosovo ist der am dichtesten besiedelte Teil der Balkanhalbinsel.

Nach dem Tode Titos im Mai 1980 entwickelten sich die ersten Spannungen um den Kosovo, als die Bevölkerung die Aufwertung des Autonomiestatus in der Form der Bildung einer siebten jugoslawischen Teilrepublik forderte. Der Kosovo war zu dieser Zeit Bestandteil der serbischen Teilrepublik der Sozialistischen Föderativen Republik Jugoslawien, unterschied sich von der restlichen Republik aber dadurch, daß er zu etwa 90% von jugoslawischen Staatsangehörigen albanischer Abkunft bevölkert war.

Serbien nützte im Frühjahr 1981 friedliche Demonstrationen (die Demonstranten trugen Tito-Bilder), um das Gebiet abzuriegeln und mit großer Brutalität gegen die Demonstranten vorzugehen; es gab wahrscheinlich weit über 200 Tote[26], und dem folgte eine „Säuberung" der kosovarischen Verwaltung und sonstiger staatlicher Einheiten von „ideologischer Diversifikation", d.h. „albanische Separatisten" sowie eine Hetzkampagne der jugoslawischen Medien gegen

---

[23] In vorliegender Arbeit war das nicht das Ziel, den Streit zwischen Serben und Kosovo-Albanern über die Zugehörigkeit Kosovos (Geschichte ab 6. Jrh.) darzustellen. Näher dazu siehe Reuter „Die Entstehung des Kosovo-Problems", in: Aus Politik und Zeitgeschichte B 34/99, S. 3ff., der diesen Aspekt der Frage näher untersucht.

[24] Angaben ohne Gewähr (diese Zahl ist durchschnittlich aus verschiedenen Quellen ausgenommen)

[25] Genau genommen ist zwischen Serben und Montegrinern zu unterscheiden. Ich fasse im folgenden der Einfachheit halber, soweit anders vermerkt, unter der Bezeichnung „Serben" beide Gruppen zusammen.

[26] Vgl. Spiegel 1980/6, S. 149 und 1981/16, S. 150

Albaner, die besonderen Erfolg mit der Behauptung hatte, kosovarische Albaner vergewaltigten massenhaft Serbinnen, sogar serbische Nonnen[27]. In der höheren Geburtenzahl der Albaner sah man an einen Angriff auf die BRJ, der dadurch zurückgewiesen werden müsse, daß man die Zunahme der Albaner auf Null zurückführe[28]. Dazu ergingen Vorschriften zur Geburtenkontrolle und zur Benachteiligung kinderreicher Familien, die geschickt auf Albaner begrenzt wurden, ohne daß im Gesetzestext ausdrücklich von Albanern die Rede war.

Von Belgrad wurde das Streben nach einer eigenen Teilrepublik nicht nur zurückgewiesen, sondern auch mit einer faktischen Aufhebung der Autonomie beantwortet. 1989 wurde die Autonomie Kosovos also formell wieder aufgehoben (aufgrund eines Beschlusses des kosovarischen Parlaments am 23.03.1989, vor dem die Abgeordneten erheblich bedroht worden waren; während der Abstimmung war das Parlament von Panzern umstellt, über ihm hielten sich Hubschrauber in der Luft, am Beschluß nahmen auch Nichtangeordnete teil, und die genaue Zahl der Stimmen wurde nicht ausgezählt[29]). Der kosovarische Vertreter im jugoslawischen Bundespräsidium versuchte vergeblich, die Autonomie des Landes im Entwurf einer neuen Verfassung wieder zu verankern. Die gewaltsame Aufhebung der kosovarischen Autonomie war, von heute her gesehen, der erste große Schritt Serbiens zur Auflösung des alten Jugoslawien und zur Bildung eines neuen, unter serbischer Vorherrschaft stehenden Staates[30]. Seither lebte die albanische Mehrheit unter den Bedingungen der Unterdrückung durch serbische Sicherheitskräfte. Es herrschten nahezu apartheidähnliche Zustände[31]. Dennoch fand der Kosovo kaum Beachtung, da die Weltöffentlichkeit völlig mit dem Krieg in Bosnien-Herzegovina beschäftigt war, obwohl es an Frühwarnun-

---

[27]  Es ging aber nicht nur um Vergewaltigungen, Albaner wurden damals allgemein als Kriminelle verteufelt, und diese serbische Propaganda wirkt bis heute sogar im Ausland nach; so wird z.B. in Deutschland (wahrheitswidrig?) immer wieder eine besonders hohe Kriminalität der hiesigen Albaner behauptet.

[28]  So eine amtliche „Scientific Conference Working Group", prishtine, 01.04.1995, www.yugoslavia.com/society_and_Law/KOSOVO/GLAVA4.HTM

[29]  Der Beschluß wurde wegen dieser und anderer Mängel vor dem Verfassungsgericht der damaligen autonomen Region Kosovo angefochten. Das Gericht eröffnete am 27.06.1990 ein entsprechendes Verfahren und suspendierte die entsprechenden Veränderung im Kosovo und Serbien; dieser Beschluß wurde jedoch von den Richtern nicht mehr unterzeichnet, weil das serbische Parlament seinerseits durch ein Gesetz vom 05.06.1990 Parlament und Regierung von Kosovo auflöste.

[30]  Vgl Münzel, S.105

[31]  Vgl. Graf, in: Dialog, S. 395

gen bezüglich des sich anbahnenden Konflikts mit Belgrad nicht gefehlt hatte[32]. Bis zum Abschluß des Friedensabkommens von Dayton im November 1995 übten die Albaner gewaltfreien Widerstand. Er bestand zum Teil auch darin, daß sie freiwillig ihre Positionen innerhalb der von den Serben dominierten Verwaltung aufgegeben hatten[33]. Nachdem die Albaner aber an den Verhandlungen zu diesem Abkommen nicht teilnehmen durften und ihre Ansprüche in Dayton nicht berücksichtigt wurden, radikalisierte sich der Protest besonders unter der Jugend. Eine militante Studentenbewegung formierte sich und eine Untergrundarmee entstand. Die Auseinandersetzungen zwischen den Albanern und den serbischen Anti-Terror-Einheiten eskalierten. Allein im März 1998 wurden beim „Drenica-Massaker" 80 Menschen getötet, so daß sich die Frage stellte, ob damit nun der „Rubicon überschritten worden sei"[34]. Auf alle Fälle kam es zu einer Massenflucht und –vertreibung. Obwohl es keine offiziellen Pläne darüber gibt, ist die „ethnische Säuberung" ein geheimes Ziel der Serben. Journalisten vermuten, daß bis zu einer Million Menschen vom Nordosten in den Südwesten verbracht werden sollten, falls sich eine Teilung des Kosovo durchsetzen ließe. Das Regime in Belgrad ging offensichtlich davon aus, daß die Staatengemeinschaft selbst einer solchen Massenvertreibung tatenlos zusehen würde, weil sie sich auch beim Drenica- Massaker passiv verhalten hatte[35]. Die Vertreibung der albanischen Bevölkerung ging einher mit dem Versuch, aus Kroatien stammende Serben im Kosovo anzusiedeln[36].

Seit 1992 wurde die menschenrechtliche Lage im Kosovo durch die Einsetzung von UNO-Spezialberichterstattern (zuerst Tadeusz Mazowiecki, dann Elisabeth Rehm) beobachtet. In der Quintessenz stellten die Autoren in den Berichten eine Reihe von Forderungen auf, so die Beendigung der Menschenrechtsverletzungen gegenüber ethnischen Albanern, die Freilassung der politischen Gefangenen, die Schaffung demokratischer Institutionen und die Wiederzulassung eines eigenen Kulturlebens der ethnischen Albaner. Genannt wurde weiterhin das Recht der Vertriebenen auf Rückkehr und die Notwendigkeit der internationalen Beobachtung.

---

[32] Vgl. Sharp, S. 32
[33] Vgl. Heintze, S. 9
[34] Vgl. Marko, S. 233
[35] Vgl. ebenda, S. 235
[36] Vgl. Kraft, S. 43

## b) Schwere und systematische Kriegsverbrechen und Menschenrechts- verletzungen an der albanischen Volksgruppe im Kosovo seit Beginn des Bürgerkriegs 1998

### aa) Überblick

Eine detaillierte, vollständige und chronologische Darstellung der Menschen- rechtsverletzungen im Kosovo seit Beginn des Jahres 1998 würde den Rahmen dieser Arbeit sprengen. Daher werden, dem Ablauf der kriegerischen Handlun- gen im Kosovo folgend, nur die schwersten systematischen Menschenrechts- verletzungen dokumentiert und analysiert.

Bereits im Jahre 1997 kam es zu einer Zuspitzung der Situation im Koso- vo, die zum Teil auch durch die mit mehreren Gewaltaktionen aufgetretene „Ko- sovo Befreiungsarmee (UCK)" hervorgerufen wurde. Die serbischen Polizei- kräfte wurden verstärkt und es kam zu ersten „Strafaktionen" unter Einsatz von gepanzerten Fahrzeugen und Hubschraubern, vor allem in der Drenica-Region im Zentralkosovo[37].

Mit Beginn des Jahres 1998 begann sich die Situation weiter zu verschär- fen, bis es am 27., 28. Februar und 1. März 1998 zur ersten größeren Aktion ser- bischer Polizeieinheiten in den Ortschaften Likosan (gemeinde Glogovac) und Cirez (Gemeinde Srbica) in der Region Drenica kam[38].

Im Laufe des Monats März setzten serbische Kräfte vor allem in der Dre- nica Region ihre Aktionen verstärkt fort. Hierbei soll es vor allem zwischen dem 5. und 7. März in den Ortschaften Donje Prekaz und Lausa (Gemeinde Srbica) zu schweren Menschenrechtsverletzungen gekommen sein[39]. Insgesamt sollen bei diesen Aktionen serbischer Einheiten 83 Menschen getötet worden sein, dar- unter wenigstens 24 Frauen und Kinder.

Auch in Klina in der Drenica Region wie in Decan und Djakovica, im Westen des Kosovo, an der Grenze zu Albanien gelegen, kam es ab Frühjahr

---

[37] Siehe hierzu u.a. den Bericht des UN-Sonderberichterstatters zur Situation der Menschen- rechte in Bosnien-Herzegowina, Kroatien und Jugoslawien, Jiri Dienstbier vom 14.4.1998. UNDoc. E/CN.4/1998/164

[38] Siehe hierzu u.a. UNDoc. E/CN.4/1998/164; Gesellschaft für bedrohte Völker (GfbV), Kosovo: krieg, Vertreibung, Massaker. Ein Bericht der GfbV August 1998, Göttingen 1998. Die GfbV beruht sich in ihrem Bericht aber auf Informationen des CDHRF.

[39] Zu Prekaz siehe u.a. UNDoc. E/CN.4/1998/164. Zu Lausa siehe CDHRF, Quartely Report January-March 1998

1998 zu verstärkten Angriffen. Mehr und mehr wurden auch Angehörige anderer Nationalitäten Opfer von Übergriffen (Roma, Montenegriner, Serben, muslimische Slawen), ebenso nahmen auch die Auseinandersetzungen zwischen Zivilisten verschiedener Nationalitäten zu.

Auch in den folgenden Monaten erfolgten schwere Übergriffe. So soll es Ende Mai 1998 zu Massenerschießungen bzw. „Verschwiendenlassen" in Ljubenic (Gemeinde Decan) und in Novi Poklek (Gemeinde Glogovac) gekommen sein.

Am 29. Mai 1998 kam zu einer Offensive der serbischen Sicherheitskräfte in der Grenzregion zu Albanien (Gemeinden Decan und Djakovica), die sich gegen UCK-Kämpfer und Waffenschmuggel richtete, wobei auch zahlreiche Ortschaften unter Beschuß gerieten, was Tausende Menschen zur Flucht trieb.

Im Verlaufe der kriegerischen Auseinandersetzungen wurden auch wiederholt Flüchtlinge, die die Grenze zu Albanien passieren wollten, von serbischen Einheiten angegriffen[40].

Die nächste größere Offensive erfolgte im Juli, als zuerst in der Region um Pec und dann in der Ortschaft Orahovac und später in Malisevo schwere Kämpfe ausbrachen, bei denen es wieder zu massiven Kriegsverbrechen und Menschenrechtsverletzungen gekommen sein soll. Im Verlaufe des Sommers waren nahezu alle Bezirke im Westen und im Zentralkosovo von den Kämpfen betroffen.

In Orahovac soll es sowohl bei der Einnahme der Stadt durch UCK-Kämpfer zwischen 17. und 19. Juli 1998 als auch bei der Rückeroberung Ende Juli durch serbische Einheiten zu schweren Menschenrechtsverletzungen gekommen sein. Allerdings gibt es widersprüchliche Berichte darüber[41].

Nach der Wiedereinnahme von Orahovac kam es zu einer Großoffensive der serbischen Einheiten in mehreren Gebieten (Malisevo, Kijevo, Srbica u.a.).

---

[40]  So soll am 18. Juli 1998 eine Gruppe von zurückkehrenden Flüchtlingen, vor allem Frauen und kinder, in der von Padesh (Gemeinde Decan), an der grenze zu Albanien von serbischen Kräften angegriffen worden sei. 60 Menschen, vor allem Frauen und Kinder, sollen dabei ums Leben gekommen sein.

[41]  Vor allem ein Bericht in der PRESSE vom 5.8.98, in dem von ca. 500 ermordeten Albanern die Rede war, konnte bisher noch nicht bestätigt werden. Das Komitee für Menschenrechte in Prishtine listet 95 getötete Albaner in Orahovac für den 20.7.1998. Während des Angriffs UCK verschwanden 55 serbische Zivilisten, von denen 35 später wieder freigelassen wurden.

Die UCK-Einheiten verloren im Verlaufe des Sommers immer mehr an Boden, nachdem sie zeitweise bis zu ca. 30% des Territoriums unter ihrer Kontrolle hatten[42].

Ende September kam es zu neuen Massakern an albanischen Zivilisten in den Ortschaften Gornje Obrinje (18 Opfer) und Golubovac (13 Männer). Womöglich kam es auch in Galica, ebenfalls Ende September, zu einer Exekution von 15 Albanern.

Am 16. Januar 1999 entdeckte Leiter der OSZE-Überwachungsmission William Walker bei dem Kosovo-Dorf Racak 45 Leichen. Er erklärte unverzüglich, es „handle sich um ein Massaker an unbewaffneten Zivilisten, um eine unerhörte Grausamkeit, um ein Verbrechen gegen die Menschlichkeit, für das eindeutig die Sicherheitskräfte der Regierung die Verantwortung trügen"[43]. Serbische Offizielle bestritten den Vorwurf Walkers vehement und forderten ihn auf, sofort das Land zu verlassen.

Die Empörung westlicher Politiker und Medien brachten den Umschwung für einen Militärschlag gegen Jugoslawien. In den NATO-Staaten setzten sich die Hardliner durch, um ihren Kreuzzug gegen das barbarische Milosevic-Regime zu eröffnen. Racak, sagte der deutsche Außenminister Joseph Fischer, war „für mich der Wendepunkt. Wir sind moralisch verpflichtet, daß sich Gewalttaten wie in Racak nicht wiederholen".

Racak jedenfalls führt nachgerade gezielt zu Rambouillet. Und Rambouillet ist, so Kritiker der Politik der internationalen Gemeinschaft, „eine Kriegserklärung, verpackt in ein Friedensabkommen"[44].

### bb) Allgemeine Angaben

Nach Angaben des Komitees für Menschenrechte in Prishtine wurden nur im Zeitraum Januar bis September 1998 1. 670 Personen getötet, davon 190 Frauen und 161 Kinder[45].

---

[42] Allerdings waren dies meistens Regionen, aus denen sich serbische Sicherheitskräfte zurückgezogen hatten. Nur wenige größere Regionen oder Ortschaften wurden von der UCK tatsächlich erobert.

[43] Neue Zürcher Zeitung vom 18. Januar 1999

[44] Vgl. Chomsky, S. 123

[45] Siehe hierzu: http://albanian.com/kmdlnj/showdoc.cgi?file=english/periodike/lista.htm

**Tabelle: Flüchtlinge und Heimatvertriebene der Provinz Kosovo**

| Datum | Außerhalb Kosovo | Innerhalb Kosovo | Gesamt |
|---|---|---|---|
| **15.5.1998** | 5.300 | 32.800 | 38.100 |
| **14.7.1998** | 31.500 | 52.900 | 84.400 |
| **13.10.1998** | 98.100 | 200.000 | 298.100 |
| **21.01.1999** | >120.000 | 180.000 | >300.000 |
| 24.03.1999 | 99.500 | 150.000 | 254.500 |
| **3.5.1999** | 727.200 | -.- (**) | >727.200 |
| **8.06.99(*)** | 832.300 | -.- (**) | >832.300 |

Quelle: UNHCR; eigene Berechnungen

(*)     einschließlich 50.000 bzw. 60.000 Flüchtlinge nach Serbien (ohne Kosovo) gem. Angabe der jugoslawischen Regierung

(**)    Keine gesicherten Angaben.

cc) Zusammenfassung

Folgende schwere und systematische Kriegsverbrechen und Menschenrechts-verletzungen scheinen nach den vorliegenden Berichten[46] begangen worden zu sein:

-   Plündern und Niederbrennen von Dörfern[47]
-   Zerstörung der wirtschaftlichen Infrastruktur
-   Angriff auf Flüchtlinge (albanische Grenze, Vranic)
-   Beschuß von Zivilisten bzw. zivilen Objekten
-   Willkürliche Erschießung von Zivilisten
-   Massaker
-   Vergewaltigung
-   Folter
-   Deportation und Festhalten in Lagern
-   Verschwindenlassen
-   Willkürliche Verhaftungen
-   Kein faires Verfahren bei Freiheitsentzug.

---

[46] Auch aus den Befragungen von Flüchlingen, die von der Organisation Physicians for Human Rights durchgeführt worden sind, http:// phrusa.org/research/Kosovo2.html

[47] Z. B. Likosan und Cirez, Prekaz – Ende Februar/Anfang März 1998, Ljubenic – 25. Mai 1998 und Novi Poklek – 31. Mai 1998.

### c) Scheitern der Friedensverhandlungen von Rambouillet[48]

Diese militärische Phase des Konflikts folgt dem aus Bosnien bekannten Ab-laufmuster. Hektische diplomatische Bemühungen um eine politische Lösung des Konflikts vor der UNO, im Rahmen von OSZE und Kontaktgruppe werden von immer heftiger werdender Kämpfen vor Ort begleitet. Verhandeln und gleichzeitig schießen sowie vertreiben bleibt die gleichbleibende Taktik des Milosevic-Regimes. Noch im Sommer des Jahres 1998 übernahm dann der ame-rikanische Botschafter in Mazedonien, Chris Hill, die Führung bei den diploma-tischen Initiativen. Er legte der Kontaktgruppe den Entwurf eines Interims-Agreements zur politischen Lösung des Konflikts vor, der dann von dieser in-klusive Rußlands als Grundlage für seine *shuttle-diplomacy* vor Ort in Belgrad und Prishtine diente: Bis Mitte Dezember lagen schließlich sieben Varianten dieses Entwurfs vor, die je nach dem Verhandlungs"erfolg" mit der einen oder anderen Seite modifiziert waren, ohne daß jedoch direkte Verhandlungen der beiden Seiten untereinander stattgefunden hätten. Nach dem Stillstand dieser Verhandlungen vor Weihnachten 1998 wurden auf der Grundlage eines überar-beiteten Entwurfs schließlich Mitte Februar 1999 Verhandlungsdelegationen des Milosevic-Regimes und der Kosovaren in das Schloß Rambouillet in der Nähe von Paris eingeladen, um diese zu einer Unterschrift unter das vorgelegte Do-kument zu bewegen[49]. Nach einer vierzehntägigen Unterbrechung der Verhand-lungen wurden diese in Paris fortgesetzt, wo schließlich unter Druck der inter-nationalen Gemeinschaft eine Unterschrift durch die kosovarische Delegation erreicht wurde, die jugoslawische Delegation aber bis zuletzt die Unterzeich-nung verweigerte. Die Stationierung internationaler Truppen zur Implementie-rung und Überwachung des Abkommens im Kosovo blieb bis zuletzt für Milo-sevis unakzeptabel[50]. Die Debatte entzündete sich vor allem an Kapitel 7, das sich mit der militärischen Umsetzung des Abkommens befaßt, sowie an Anhang B, in dem die NATO für sich als Organisation bzw. für ihr Personal die rechtli-che Immunität, die ungehinderte Bewegungs- und Entscheidungsfreiheit im Ko-sovo und die vollständige Gebührenfreistellung für die Nutzung von Infrastruk-

---

[48] Näher dazu: Rüb, S. 105ff.; Chandler; Oberg

[49] Den Text des Rambouillet-Abkommens siehe im Internet:
http://www.blaetter.de/bilder/ramb0599.htm

[50] Näher dazu: Rüb, S. 105ff.; Chandler, S. 38ff.

tur einfordert[51]. Die jugoslawische Verhandlungsdelegation zeigte sich folgerichtig nicht bereit, den Einschränkungen der staatlichen Souveränität Jugoslawiens und der Stationierung der NATO-Truppen zuzustimmen.

Von zahlreichen Kommentatoren wurde darauf hingewiesen, daß die Vereinbarungen im Rambouillet-Abkommen eine Verhandlungslösung mit der jugoslawischen Regierung unmöglich gemacht hätten. Das Vertragswerk hätte die Souveränität der BRJ untergraben und somit von keinem verantwortlichen Staatsführer unterzeichnet werden können[52].

Nach dem Scheitern der Bemühungen um eine politische Lösung, die mit allen erdenklichen friedlichen Mitteln ein Jahr lang versucht worden war, blieb daher die Frage, wie den andauernden systematischen Morden und ethnischen Vertreibungen Einhalt zu gebieten wäre. Nachdem die NATO schon im Herbst 1998 mit Luftangriffen gedroht hatte, da der UN-Sicherheitsrat zur Ergreifung von Zwangsmaßnahmen gem. Kapitel VII der SVN durch ein absehbares Veto Rußlands und Chinas blockiert war, obwohl er in Resolution 1203 vom 24.10.1998[53] schon eine Bedrohung des internationalen Friedens festgestellt hatte, blieb Mitte März 1999 damit nur die Frage offen: Wird die NATO ihre Drohungen wahrmachen oder zurückziehen, um Zeit für irgendwelche neuen Vermittlungsbemühungen zu gewinnen, während die Zeit für die Opfer im Kosovo längst abgelaufen war. Am 24. März 1999 begannen die Luftangriffe.

## 2. Die Intervention

Am 23. März 1999 hat Generalsekretär Javier Solana den Befehl zu Luftangriffen gegen Jugoslawien erteilt. Er habe den NATO-Oberkommandierenden in Europa, General Wesley Clark, angewiesen, mit einem militärischen Eingreifen zu beginnen, sagte Solana. Nach dem Scheitern aller Bemühungen um eine politische Lösung auf dem Verhandlungsweg bleibe keine Alternative zu militärischen Maßnahmen.

Zuvor hatte US-Sondergesandter Richard Holbrooke seine Versuche als gescheitert bezeichnet, den jugoslawischen Präsidenten Slobodan Milosevic zum

---

[51] Deutsche Übersetzung zitiert nach Blätter für deutsche und internationale Politik, http://www.blaetter.de2

[52] Näher dazu: http://staff-uni-marburg.de/rillingr/akt/serbien10.htm

[53] Dazu auch UN-Sicherheitsrat-Res. 1160, 1190 im Internet: http://www.gfbv.de/uno/kosovo.htm

Einlenken zu bringen. Ein Angriff gegen Jugoslawien wäre das erste Einsatz der Allianz in ihrer 50jährigen Geschichte gegen einen souveränen Staat[54].

Der russische Ministerpräsident Jewgeni Primakow erneute hingegen seine Warnung vor NATO-Angriffen auf Jugoslawien. Nach Ansicht der russischen Regierung seien die Möglichkeiten für eine friedliche Lösung des Kosovo-Konflikts noch nicht ausgeschöpft, sagte Primakow in Irland bei einem Zwischenstopp auf dem Weg in die USA.

### a) Der militärische Verlauf

Schon am 8. Oktober 1998 hatte der NATO-Rat die Operationspläne für „begrenzte, in Phasen durchzuführende Luftangriffe" gebilligt. In der ersten Phase sollte die jugoslawische Luftabwehr weitestgehend ausgeschaltet werden. In Phase Zwei sollten die Angriffe auf die jugoslawische Streitkräfte im Kosovo konzentriert werden. In Phase III durften auch Regierungsgebäude ins Visier genommen werden.

24. März 1999, 19.56 Uhr: Die NATO-Luftangriffe gegen Jugoslawien haben begonnen. Neunzehn hochgerüstete Staaten im Bündnis gegen einen einzelnen Machthaber. Die Operation „Allied Force" zur „Abwendung einer humanitären Katastrophe" richtete sich ausschließlich gegen den jugoslawischen Diktator Slobodan Milosevic und seinen Militärapparat, nicht jedoch gegen das serbische Volk.

26. März: Schon nach drei Tagen der NATO-Bombardements läßt sich das zu erwartende Ausmaß der „humanitären Aktion" gegen Jugoslawien erahnen[55]:

- Im südserbischen Ort Kursumlija wird das Zentrum für serbische Bürgerkriegsflüchtlinge aus Bosnien und Kroatien bombardiert. Elf Menschen kommen ums Leben, 24 werden verletzt.

- Eine andere Unterkunft für serbische Flüchtlinge bei Novi Sad wird von Raketen getroffen. Die Zahl der Opfer ist nicht bekannt.

- In Pancevo werden die Fabrik Utva, das Unternehmen Mintel, die Landwirtschaftsschule sowie mehrere Dutzend Geschäfte und Wohnungen von Bomben getroffen.

---

[54] Mehr Information im Internet: http://www.kosova-info-line. de

[55] Alle Angaben über die Anzahl von Toten und Verletzten differieren sich in den verschiedenen Quellen erheblich. Deshalb habe ich durchschnittliche Angaben genommen.

- Ein Marschflugkörper trifft das landwirtschaftliche Gut Mijakovci bei Cacak.

- Im Belgrader Stadtteil Rakovica werden die Wasserversorgungseinrichtungen sowie zwei Grundschulen beschädigt.

- Nach der Bombardierung weiterer Teile Belgrads gibt es den ersten Giftgasalarm: schwer getroffen werden die Arzneimittelfabrik Galenika und ein Treibstofflager im Südwesten der Stadt.

- In Pristina werden die Landwirtschaftsschule, die Landwirtschaftsfakultät, eine Stoßdämpferfabrik und die Maschinenbaufakultät beschädigt. Eine Kunststofffabrik verbrennt komplett.

- Die Dörfer Lukare und Gracanica im Kosovo werden bombardiert. In diesem Teil des Kosovo leben ausschließlich Serben. Das weltberühmte serbisch-orthodoxe Kloster Gracanica aus dem 14. Jahrhundert wird beschädigt.

- In Kosovska Mitrovica explodieren zwei Marschflugkörper und mehrere Bomben.

- Ein Marschflugkörper trifft die Altstadt von Djakovica im Kosovo.

Die Liste der NATO-Treffer von zivilen Zielen nach nur 72 Stunden Bombardement ließe sich fortsetzen. Die Panik aber, die unter der Bevölkerung herrscht, läßt sich kaum beschreiben.

27. März: Solana befahl die Phase II der Luftangriffe.

1. April: Zerstörungen durch NATO-Bomben, die das serbische Fernsehen dokumentiert, werden jedoch als Propaganda abgetan (Scharping: „Diese Bilder sind nachweislich zwei Jahre alt ").

3. April: Die NATO bombardiert erstmals das Zentrum Belgrads und trifft mehrere Ministerien.

7. April: Zu den bisherigen Zielen der NATO zählen Belgrad, Novi Sad, Pristina, Pancevo, Smederevo, Kursumlija, Aleksinac, Sombor, Nis, Uzice, Podgorica, Cacak, Vranja, Djakovica, Leskovac, Pec, Kraljevo, Orahovac, Kosovska Mitrovica, Krusevac etc. Alles Städte, in denen bei den letzten Kommunalwahlen von 1996 überwiegend die serbische Opposition siegte.

Unter den Serben machen sich schwarzer Humor und Trotz breit: „Wenn du in Belgrad über die Straße gehst, dann schaust du nach rechts, nach links und nach oben". Oder: „Weißt du, wie sich ein Serbe fühlt, wenn er morgens aufwacht? Wie ein verfehltes Ziel".

12. April: Die NATO beschießt einen Personenzug südlich Belgrads. Nach jugoslawischen Angaben sterben 30 Personen. Die NATO bedauert den Vorfall.

14. April: Die NATO bombardiert einen Flüchtlingskonvoi. Nach jugoslawischen Angaben 75 Toten.

24. April: Vier Wochen Krieg[56] gegen Jugoslawien. Die NATO-Allianz hat 10.000 Angriffe mit 530 Kampfflugzeugen und 203 Hubschraubern durchgeführt, die von 30 Stützpunkten in fünf Staaten und sechs Kriegsschiffen in der Adria gestartet sind. Mehr als 2500 Marschflugkörper wurden abgefeuert und über 7000 Tonnen Sprengstoff abgeworfen.

Offizielle, aber geschönte Angaben des jugoslawischen Außenministeriums sprechen von bisher mehr als 1000 Toten und über 4500 Verletzten.

Beim Angriff auf das serbische Fernsehen RTS in Belgrad werden nach offiziellen Informationen 16 Menschen getötet und 17 verletzt. Behandelnde Ärzte vor Ort und in den Krankenhäusern sprechen jedoch von 40 Toten.

27. April: In der südserbischen Kleinstadt Surdulica werden bei einem Angriff 25 Zivilisten getötet, darunter 12 Kinder, und mehr als 100 verletzt, davon 24 schwer. 300 Häuser werden zerstört. Das war nur einer von über 500 NATO-Einsätzen an diesem Tag.

1. Mai: Die USA weiten Sanktionen gegen Jugoslawien auf Ölimporte aus. Die NATO beschießt einen Bus bei Luzane nördlich von Pristina. Nach jugoslawischen Angaben 39 Tote.

2. Mai: Die NATO setzt erstmals Graphitbomben ein, um die Stromversorgung Serbiens lahmzulegen.

7. Mai: Ein Wohnviertel im Zentrum der Stadt Nis wird mit Streubomben angegriffen. 15 Menschen werden getötet, mehr als 60 verletzt. Die chinesische Botschaft wird von Raketen schwer getroffen – 4 Tote, über 50 Verletzte. Zwei von ein paar hundert Einsätzen allein an diesem Tag.

Das Serbische Rote Kreuz zählt an diesem Tag, dem 7. Mai, in Serbien 41.236 Flüchtlinge aus dem Kosovo, zusätzlich zu den 750.000 vom Staat unversorgten serbischen Flüchtlingen aus Kroatien und Bosnien.

11. Mai: Tag 50 der NATO Bombardements.

---

[56] In meisten Publikationen verwendet man nicht den Begriff „Intervention", sondern „Krieg", Krieg gegen Jugoslawien, auch wenn er weder erklärt noch offiziell so genannt worden ist. In meiner Arbeit habe ich mir erlaubt, diesen Begriff auch zu verwenden.

13. Mai: Die NATO beschießt das kosovarische Dorf Korisa, 87 Albaner sterben.

23. Mai: Die NATO beginnt mit einem heftigen Beschuß der Stromwerke in Serbien.

27. Mai: Insgesamt 741 Einsätze der NATO.

31. Mai: Die NATO bombardiert ein Sanatorium im Südosten Serbiens und einen Wohnblock in Novi Pazar. Nach jugoslawischen Angaben 30 Tote.

9. Juni: Die NATO stoppt ihre Bombardement[57].

**b) Politischer Verlauf**

Für alle NATO-Beteiligten ging es mit Kriegsbeginn darum, Geschlossenheit zu zeigen. „Die NATO muß obsiegen, die NATO wird obsiegen", hämmerten Clinton, Solana und Wesley Clarke der Öffentlichkeit ein.

Eine Woche nach Beginn der Bombardements reist der russische Ministerpräsident Primakow in einer Vermittlungsmission nach Belgrad, schließlich begibt er sich nach Bonn, wo er von Kanzler Schröder getroffen wurde. Die russische Forderung, Gespräche auf der Ebene der G-8-Staaten zu führen, verhallt ungehört.

Die NATO-Außenminister treffen sich am 12. April 1999 und erteilen ihre Zustimmung, diplomatische Initiativen einzusetzen. Noch am selben Tag kommt man dem russischen Ansinnen nach und ruft die Politische Direktoren der G-8-Staaten zusammen, um über einen „Fahrplan zum Frieden" zu verhandeln.

Am 14. April veröffentlicht Bundesaußenminister Fischer einen 6-Stufen-„Friedensplan", der eine G-8-Entschließung vorsieht, die in eine UN-Sicherheitsresolution umgegossen werden soll. Außerdem spricht er von der UNO einer „internationalen Friedenstruppe der Vereinten Nationen". Kosovo soll einer von der UNO autorisierten Übergangsverwaltung unterstellt werden.

Der Weg zu einer diplomatischen Lösung führte über den NATO-Gipfel am 24./25. April in Washington. Dort wurde ein neues Grundsatzdokument beschlossen, das die NATO von einem territorialen Verteidigungsbündnis zu ei-

---

[57] Das ist ein offizielles Datum des Kriegsendes. Die NATO setzt doch Bombardement bis Ende Juni fort.

nem geographisch unbeschränkten Interventionsbündnis machen soll. Der „Fischer-Plan" wurde in das Kommunique des Gipfels integriert.

Am 6. Mai wurde der Rahmensplan der G-8-Staaten für eine diplomatische Lösung angenommen.

27. Mai: Das UN-Kriegsverbrechertribunal in Den Haag klagt Milosevic wegen Verbrechen gegen die Menschlichkeit an.

Am 28. Mai stimmt die Regierung in Belgrad den Eckpunkten des Friedensplans der sieben wichtigsten Industriestaaten und Rußlands (G-8-Gipfel) zu.

Am 1. Juni teilt Jugoslawien dem Auswärtigen Amt in Bonn mit, es akzeptiere die Prinzipien des Friedensplans der G-8-Gruppe.

2. Juni: Der Internationale Gerichtshof weist die Klage Jugoslawiens nach einem Stopp des Luftbombardements ab, äußert sich aber besorgt über dessen rechtliche Legitimation.

Am 3. Juni akzeptiert Jugoslawien einen Friedensplan, den der finnische Präsident Martti Ahtisaari als EU-Gesandter in Belgrad vorlegt. Am 7. Juni intensiviert die NATO ihre Angriffe, nachdem die Verhandlungen des jugoslawischen Generalstabs und der NATO über den Abzug der jugoslawischen Truppen zunächst abgebrochen worden waren. In Bonn bemühen sich die Außenminister der G-8-Staaten um den Entwurf einer UN-Resolution für das Kosovo. Die jugoslawische Führung besteht auf einem Truppenrückzug erst nach Verabschiedung einer UN-Resolution.

Am 8. Juni einigen sich die G-8-Staaten auf die Grundzüge der Kosovo-Resolution. Rußland erklärt, es werde sich mit 10.000 Soldaten an einer Kosovo-Friedenstruppe beteiligen.

9. Juni 1999: Die NATO und der jugoslawische Generalstab unterzeichnen das militärische Abkommen über den Abzug. Der NATO-Rat in Brüssel hat den vorläufigen Einsatzplan für die Kosovo-Schutztruppe KFOR gebilligt. Neben den 19 NATO-Staaten stimmten auch 18 Partnerländer dem Plan zu. Der Einsatzplan sieht die möglichst baldige Einrichtung eines KFOR-Hauptquartiers in der Provinzhauptstadt Pristina vor. Die Operation „Joint Guarda" (Gemeinsame Wacht) hat zum Ziel in erster Linie die Rückkehr der Vertriebenen[58].

---

[58] Näher dazu im Internet: http://www.spiegel.de/politik/ausland/0,1518,26408,00.html

## 3. Die offizielle Rechtfertigung

*„Dieser Krieg ist politisch und moralisch legitim"*[59].
(Bundeskanzler Gerhard Schröder)

Am 23. März 1999 hat NATO-Generalsekretär Javier Solana den Befehl zu Luftangriffen gegen Jugoslawien erteilt. Ziel der NATO sei es, „weiteres menschliches Leid und mehr Unterdrückung und Gewalt gegen die Zivilbevölkerung im Kosovo zu verhindern". Belgrad könne weiterhin „jederzeit" die Forderungen der internationalen Gemeinschaft erfüllen, betonte Solana.

Bundeskanzler Schröder hat Luftangriffe der NATO gegen Jugoslawien als unvermeidbar bezeichnet: „Wir haben keine andere Wahl". Die Schuld liege „einzig und allein" beim jugoslawischen Präsidenten Slobodan Milosevic. Und weiter: „Wir werden dies solange tun, bis der jugoslawische Präsident auf den Boden der Menschlichkeit und des internationalen Rechts zurückkehrt". Er warf Milosevic eine „untragbare Haltung" vor[60]. In seiner Regierungserklärung vor dem Bundestag äußerte Bundeskanzler: „Die NATO ist eine Wertegemeinschaft. Gemeinsam mit unseren Partnern kämpfen wir im Kosovo für unsere Werte: für Menschenrechte, für Freiheit und für Demokratie. Bei unserem Engagement geht es auch darum, wie das Europa des nächsten Jahrhunderts aussehen soll. Wollen wir Europäer es nach den Erfahrungen mit zwei schrecklichen Weltkriegen in diesem Jahrhundert wirklich zulassen, daß Diktatoren unbehelligt mitten in Europa wüten können?" Die Bundesregierung hat klare Vorstellungen, die sie gemeinsam mit ihren Partnern verfolgt. Wir wollen die humanitäre Katastrophe und die schweren und systematischen Menschenrechtsverletzungen möglichst schnell beenden. Wir wollen eine friedliche politische Lösung für den Kosovo erreichen[61].

Das Weiße Haus erklärte nach dem zweiten Gespräch zwischen Holbrooke und Milosevic, es gebe „keinen Grund für Optimismus". US-Präsident Bill Clinton hat am Nachmittag mit der Führung des Kongresses über den Kosovo-Konflikt gesprochen. Bill Clinton in seiner Rede am 21. Juni 1999 bei einem Besuch der US-Truppen in Skopje hat erklärt: „In Afrika oder Zentraleuropa

---

59 Irritiert fragt man aber sich: und RECHTLICH?
60 Dazu siehe im Internet: http:// www. kosova-info-line.de
61 Näher dazu: Europa-Archiv 3/1999, S, 247ff.

werden wir es nicht erlauben, daß nur wegen ethnischer Differenzen, wegen Religion oder Rassismus Menschen angegriffen werden. Wir werden das stoppen...Wir können dies jetzt tun. Wir können es morgen woanders tun, wenn es notwendig ist... Wir sind stolz auf das, was wir getan haben, weil wir denken, daß es genau das ist, wofür Amerika steht".

Die Notwendigkeit einer militärischen Operation wird also dreifach begründet[62]: a) Humanitäre Gesichtspunkte verlangten, die Menschen im Kosovo, die bewaffneten Angriffen ausgesetzt sind, nicht im Stich zu lassen. Brutalität, Tod und Vertreibung wie in Bosnien-Herzegowina dürfen nicht noch einmal

---

[62] In der Parlamentsdebatte für die Beschlußvorlage der Bundesregierung lassen sich vier Begründungsvarianten identifizieren, an einem NATO-Einsatz im Kosovo ohne UN-Mandat teilzunehmen:a) Es gehe nicht um den Einsatz militärischer Gewalt, sondern nur um deren Androhung mit dem Ziel, eine Gewaltsituation zu beenden. Allerdings wird auch immer erwähnt, daß zu einer glaubwürdigen Drohung auch die Bereitschaft gehört, diese zu realisieren; b) zunächst werden die Bemühungen des UN-Sicherheitsrates rekapituliert, eine humanitäre Katastrophe im Kosovo abzuwenden. Dieser hatte in den Resolutionen 1160 vom 31. März 1999 und 1199 vom 23. September 1998 von Jugoslawien bestimmte Maßnahmen verlangt. Damit hat der Sicherheitsrat den ersten juristischen Schritt in Richtung auf militärische Sanktionen gesetzt. Die Argumentation setzt dann fort, daß Jugoslawien den Aufforderungen des Sicherheitsrates nicht nachgekommen sei und daß der Sicherheitsrat keine militärische Sanktionen einleiten werde. Daher sei „unter diesen außergewöhnlichen Umständen der gegenwärtigen Krisenlage im Kosovo die Drohung mit und ggf. der Einsatz von Gewalt durch die NATO gerechtfertigt" (Beschluß des Deutschen Bundestages vom 16. Oktober 1998, zitiert nach: Blätter für deutsche und internationale Politik 12/1998, S. 1507. Für die Beschlußvorlage der alten Regierung stimmten 500 von 580 anwesenden Abgeordneten, dagegen 62 (davon 29 PDS, 21 SPD, 9 Bündnis 90/Grüne, 1 CDU, 1 FDP) und 18 enthielten sich). Durch ihr Selbstmandat handle die NATO subsidiär für den Sicherheitsrat. Es handle sich um eine Ausnahme, die das Ziel verfolge, eine Katastrophe zu verhindern; c) Die Bundesregierung und Bundestag beanspruchen eine Autorität über dem Sicherheitsrat, nämlich zu entscheiden, wann dieser seine Entscheidungskompetenzen in der rechten und wann in der falschen Weise wahrnimmt. Weiter ließe sich die Argumentation des Bundestages ausweiten: Warum sollte die NATO nicht auch in Zukunft subsidiär die Bedrohung der internationalen Sicherheit in Europa feststellen, wenn dies nach ihrer Ansicht offensichtlich ist und der Sicherheitsrat aufgrund des Vetos eines oder mehrerer seiner Ständigen Mitglieder keinen entsprechenden Beschluß faßt? Es geht darum, ob die NATO in extremen Ausnahmefällen unter Anerkennung der eigentlichen Zuständigkeit des Sicherheitsrates das Recht und die Pflicht besitzt, sich von dessen Mandat unabhängig zu machen; d) und schließlich R. Scharping baute die Argumentation weiter aus, indem er die negativen Folgen herausstrich, die die Unterlassung einer Intervention ohne UN-Mandat für das Völkerrecht nach sich ziehen könnten: Ein Nichteingreifen in das Kosovo könnte einen gefährlichen Nachahmungseffekt auslösen, d.h. „Läßt Europa zu, daß ein nationalistischer Potentat wie Milosevic zu Gewaltmittel greifen kann, dann ist absehbar, daß sich auch andere fühlen, bei Bedarf zu solchen Methoden zu greifen, zumal sie keine schwerwiegenden Sanktionen zu erwarten haben".

zugelassen werden. b) Politisch wird argumentiert: Staatsführern wie Slobodan Milosevic müsse man mit aller Entschiedenheit entgegentreten, um sie zur Räson zu bringen. Auch dies habe das Beispiel Bosnien-Herzegowinas gezeigt. Generell müßten gerade im von ethnischen Problemen geprägten ost- und süsosteuropäischen Raum Politiker von gewaltsamen Maßnahmen gegen Volksgruppen und Minderheiten abgeschreckt werden. c) Darüber hinaus sei ein Eingreifen unter sicherheitspolitischen Aspekten erforderlich: Die politischen und militärischen Auseinandersetzungen drohten auf die südlichen Nachbarstaaten Albanien und Makedonien überzugreifen. Bei einer Verschärfung der Kämpfe im Kosovo, einer Massenflucht über die Grenzen und dem Waffentransfer für die Untergrundbewegungen in den Süden der BRJ würden unweigerlich sowohl Albanien als auch Makedonien, der dritte Staat mit einer großen albanischen Bevölkerungsgruppe, involviert. Damit sei eine Destabilisierung der gesamten Region programmiert, weil aus unterschiedlichsten Motiven und Interessen Griechenland, Bulgarien, die Türkei und wegen der Vojvodina, der nördlichsten Provinz der BRJ mit einer mehrere Hunderttausend Menschen umfassenden magyarischen Minderheit, möglicherweise auch Ungarn, in die Auseinandersetzungen hineingezogen würden. In der Folge stünden die Sicherheit und die Stabilität ganz Europas auf dem Spiel.

Im Namen der Moral also, und so hat es US-Präsident Bill Clinton in seiner Fernsehansprache zu Kriegsbeginn formuliert: „Diese Tragödie zu beenden, ist eine moralische Verpflichtung". Clinton fährt fort: „Es ist auch wichtig für Amerikas nationale Ineressen. Werfen Sie einen Blick auf diese Karte. Kosovo ist klein, aber es liegt an einer größeren Verwerfungslinie zwischen Europa, Asien und Nahen Osten, am Treffpunkt zwischen Islam und sowohl dem westlichen wie dem orthodoxen Zweig des Christentums. Im Süden sind unsere Verbündeten, Griechenland und die Türkei. Im Norden sind unsere neue demokratischen Verbündeten in Mitteleuropa. Und überall um den Kosovo gibt es andere kleine Länder, die mit ihren eigenen wirtschaftlichen und politischen Herausforderungen kämpfen, Länder, die von einer großen neuen Flüchtlingswelle aus dem Kosovo überwältigt werden könnten".

So haben denn also die Bundesregierung, die anderen Staaten der Allianz immer argumentiert. Der Sicherheitsrat hat sich dieser Argumentation zwar nicht ausdrücklich angeschlossen uns sie damit gebilligt, er ist aber auch nicht dem Antrag Rußlands gefolgt, die Aktion zu mißbilligen. Damit freilich hat der

Sicherheitsrat sich als Entscheidungsinstanz selbst blockiert und aus dem weiteren Geschehen ausgeklinkt.

## a) Das neue Strategische Konzept der NATO von 1999

Am 24./25. April 1999 wurde in Washington aus Anlaß des 50järigen Bestehens ein neues Strategische Konzept beschlossen. Der Washingtoner Jubiläumsgipfel stand ganz im Zeichen des Kosovo-Krieges. Ein Streitpunkt bei den Diskussionen war die Uneinigkeit über die Notwendigkeit eines Mandates der Vereinten Nationen für eventuelle Einsätze der NATO. Insbesondere der seit Herbst 1998 eskalierende Krieg im Kosovo verdeutlichte, daß es Situationen geben kann, in denen ein militärisches Eingreifen gerechtfertigt sein kann bzw. für erforderlich gehalten wird, ohne daß alle fünf – mit Vetomacht ausgestattet – ständigen Mitglieder des Sicherheitsrats der Vereinten Nationen einem solchen Einsatz zustimmen würden[63]. Die NATO stand damit vor dem Dilemma, sich bei Festschreibung eines UN-Mandates als Handlungsvoraussetzung entweder selbst den Handlungsspielraum erheblich zu beschneiden, oder aber bei Verzicht auf eine solche Klausel dem Vorwurf ausgesetzt zu sein, sich nicht an die Spielregeln des Völkerrechts zu halten. Zudem geriete die NATO bei der erstgenannten Option in die Lage, sich faktisch zur Geisel des UN-Sicherheitsrates und damit der innenpolitischen Entwicklung Rußlands oder Chinas[64] zu machen. Wird allerdings die (Selbst-)Bindung an ein UN-Mandat prinzipiell aufgegeben, ist die NATO weder eine Organisation kollektiver Verteidigung im Sinne des Art. 51 UN-Charta, noch eine regionale militärische Organisation mit Handlungsermächtigung durch den UN-Sicherheitsrat. Damit wären bisher gültige völkerrechtliche Bestimmungen sowie der NATO-Vertrag in seiner bisherigen Form und Interpretation nicht mehr Grundlage für die Tätigkeit des Bündnisses: vielmehr würde die NATO unter Zugrundelegung eigener, jeweils aktueller Interessendefinition bestimmen, ob, wann und wie sie ihr militärisches Potential einsetzt[65]. Dabei darf aber nicht vergessen werden, daß es im Kosovo-Krieg zwar kein klares Mandat des UN-Sicherheitsrats gegeben hat, die Vereinten Nationen gleichwohl in mehreren Resolutionen[66] die Gewalt im Kosovo verurteilt haben,

---

[63]  Vgl. Varwick/Woyke, S. 88

[64]  Vgl. Rühle, S. 170

[65]  Vgl. Pradetto, S. 31

[66]  Siehe dazu Anhang VI und Res. 1160 und 1199, deren Analyse und Vergleich siehe im Internet: http://www.gfbv.de/uno/kosovo.htm

u.a. wurden im Sicherheitsrat die Ergebnisse der Verhandlungen von Rambouillet begrüßt, die die Grundlage für den Einsatz der NATO bildeten. In einer von Rußland beantragten Sondersitzung des UN-Sicherheitsrates nach Beginn der NATO-Bombardements im März 1999 forderten lediglich die ständigen Mitglieder Rußland und China sowie das nicht-ständige Mitglied Namibia das Ende der Luftangriffe. So sprachen einige Völkerrechtler davon, es handele sich bei dem NATO-Angriff um eine „läßliche Sünde". Wenn alle Verletzungen der Charta so entschuldbar wären, könnten die Vereinten Nationen, so das Mitglied der Völkerrechtskommission der Vereinten Nationen, Bruno Simma, „damit leben"[67]. Zudem ist selbstverständlich auch die Verfolgung, massenhafte Tötung und Vertreibung der Kosovo-Albaner durch Serbien eine massive Verletzung des Völkerrechts, auf das im Rahmen des vorstaatlichen und naturrechtlichen Notwehrrechts reagiert werden kann. Aus solchen Sonderfällen dürfe jedoch keinesfalls eine neue Regel abgeleitet werden. So hat die amerikanische Außenministerin Albright nachdrücklich betont, daß der NATO-Luftkrieg im Kosovo nicht Schule machen soll[68]. Der Fall sei einzigartig gewesen und gebe somit keinerlei Hinweise auf ähnliche Einsätze der Allianz weltweit. Im Übrigen sei die NATO „eine europäische und atlantische, nicht eine globale Institution".

Am 23./24. April 1999 wurde schließlich das neue Strategische Konzept ein Konsenspapier. Die neue NATO soll nach dem neuen Konzept größer, schlagkräftiger und flexibler werden. In dem Konzept heißt es: „Der wesentliche und fortdauernde Zweck der NATO ... besteht darin, die Freiheit und Sicherheit aller ihrer Mitglieder mit politischen und militärischen Mitteln zu erreichen... Die Verwirklichung dieses Ziels kann durch Krisen und Konflikte, die die Sicherheitsrat des euro-atlantischen Raums berühren, gefährdet werden".

Zur klassischen Kernfunktion der Bündnisverteidigung kommt also damit in Zukunft die „Krisenbewältigung im euro-atlantischen Raum" hinzu. In Zusammenarbeit mit anderen internationalen Organisationen will die NATO zudem „Konflikte verhüten oder, sollte eine Krise auftreten, in Übereinstimmung mit dem Völkerrecht zu deren wirksamer Bewältigung beitragen, darunter auch durch die Möglichkeit von nicht unter Art. 5 NATO-Vertrag fallenden Krisenreaktionseinsätzen". Wird mit dem neuen Konzept das Bedrohungsspektrum recht präzise ausgeweitet, so bleibt der Aktionsradius der NATO unpräzise. Erste In-

---

[67]  Vgl. Simma, S. 5

[68]  Siehe im Internet: http://www.spiegel.de/politik/ausland/0,1518,29248,00.html

terpretationen aus den USA betonen, daß die NATO nun auf Bedrohungen in Europa und in Nicht-Mitgliedstaaten reagieren könne, die Europäer weisen hingegen darauf hin, daß die Erwähnung des „euro-atlantischen Raums" für eine geographische Beschränkung spreche.

Hinsichtlich der Mandatierung der neuen Einsatzspektren, wird mehrfach auf die Hauptverantwortung des UN-Sicherheitsrats für die Bewahrung von Frieden und Sicherheit hingewiesen. Für alle NATO-Einsätze wird „Übereinstimmung mit der Charta der Vereinten Nationen angestrebt", was natürlich auch heißt, daß es Fälle geben kann, in denen dies nicht möglich ist.

Während Frankreich die Auffassung vertrat, daß ein Beschluß des UN-Sicherheitsrates vorhanden sein muß, sahen die USA - und sie wurden darin von der überwiegenden Mehrheit der übrigen NATO-Staaten unterstützt – darin eine Einschränkung der Handlungsfähigkeit der NATO. Es sei nicht akzeptabel, daß während einer Krise, die möglicherweise vitale Interessen des Bündnisses berühre, die NATO zu militärischen Untätigkeit verpflichtet wäre, „nur" weil Vereinte Nationen zu keinem gemeinsamen Beschluß über ein Mandat in der Lage seien[69]. Die NATO macht damit die Selbstmandatierung zwar nicht zur Regel, läßt sie aber in nicht näher definierten Ausnahmefälle zu[70]. Ein solcher Ausnahmefall war Kosovo.

**b) Die neuen Aufgaben der NATO: vom Verteidigungsbündnis zum Instrument kollektiver Sicherheit**[71]

Die NATO ist nach wie vor die für die Sicherheit in Europa entscheidende internationale Organisation, meinen einigen Politiker und Völkerrechtler. Und mit der Überwindung des Ost-West-Konflikts sind Kriege in Europa wieder führbar geworden und stellen die für Sicherheit zuständigen Organisationen vor neue Aufgaben. US-Senator Lugar machte dies Anfang der 90er Jahre mit dem bekannten Ausspruch *„NATO must go out of area or it will be out of business"* überaus deutlich.

Nach dem Ende des Ost-West-Konflikts hat die NATO eine stärkere Verlagerung ihrer Funktionen in den politischen Bereich vorgenommen. Im No-

---

[69] Näher dazu siehe NATO-Brief, Jubiläumssonderausgabe: 50 Jahre NATO, S. 20

[70] Auch im Internet:
http://www.bundeswehr.de/sicherhe...,buendnisse/nato50/wandel_27.html

[71] Näher dazu: NATO-Brief 1/1999

vember 1998 entschied die NATO, sich mit einer Truppe an der Mission zur Überwachung der Kosovo-Resolution zu beteiligen. Außerdem wurde der NATO-Generalsekretär ermächtigt, im Falle eines Abkommens zwischen Serben und Kosovo-Albanern im Zuge der Verhandlungen von Rambouillet vom Februar/März 1999 ein mögliches Abkommen mit Hilfe der NATO militärisch durchzusetzen oder auch ein Abkommen militärisch zu erzwingen[72]. Nach dem Beginn der NATO-Bombardements schreibt Münch: „Mit Angriffen auf Serbien überschreitet die NATO den Rubikon. Aus eigenem Machtanspruch heraus greift sie in einen Konflikt zweier Volksgruppen ein, sie bombardiert Militärstellungen eines souveränen Staates, weil sie dessen Regierung ihren Willen aufzwingen will. Dies ist tatsächlich eine neue NATO, die im 50. Jahr ihres Bestehens die Aufgaben des Bündnisses in der Angriffspraxis neu definiert"[73].

Der NATO können also zusammenfassend folgende Hauptfunktionen zugeschrieben werden:

- erstens trägt die NATO als Stabilitätsanker einer euro-atlantischen Sicherheitsordnung Verantwortung;

- zweitens ist die NATO in zunehmendem Maße Instrument kollektiver Sicherheit, das für *peace-keeping*-Aktionen im Auftrag der Vereinten Nationen und der OSZE – im Einzelfall auch ohne eindeutiges Mandat der Vereinten Nationen – Knowhow, Waffen, Gerät und notfalls auch Soldaten zur Verfügung stellt;

- drittens erfüllt die NATO weiterhin die Funktion, Konfliktverhütung und Krisenmanagement innerhalb des Bündnisses gem. Art. 4 NATO-Vertrag zu betreiben.

Dissens zwischen den NATO-Staaten ist bislang lediglich, mit welcher regionalen Zielsetzung die Interventionsfähigkeit der NATO ausgebaut werden soll[74]. Konkret: Frankreich will eine Stärkung des europäischen Pfeilers[75], die USA wollen die NATO zu einem weltweiten Interventionsbündnis ausbauen, die neue deutsche Regierung will die Interventionsfähigkeit ebenfalls ausbauen, will aber Deutschland „lediglich" für Interventionen in Europa zuständig sehen. Umstritten ist auch, ob es eine feste Definition von „Interessensphären" geben soll oder ob das von Fall zu Fall entschieden werden soll. Unumstritten ist aber der Ausbau der Interventionsfähigkeit. Die NATO wird damit endgültig zum Kriegfüh-

---

[72] Vgl. Varwick/Woyke, S. 137

[73] Vgl. Münch, S. 4

[74] Siehe im Internet: http://www.comlink.de/-graswurzel/kosovo/nato-angriff.html

[75] Vgl. Graswurzelrevolution März 1999

rungsbündnis. Die Intervention der NATO gegen Jugoslawien ist also eine konsequente Umsetzung der geplanten neuen NATO-Strategie.

### Exkurs II:
### DILEMMA: Die Option des Verzichts auf militärisches Eingreifen, weil der UN-Sicherheitsrat nicht zustimmt oder die Option militärischen Eingreifens ohne Mandat des UN-Sicherheitsrates

*To be or not to be?*
(W. Shakespeare)

Die NATO stand Ende 1998/Anfang 1999 vor dem Problem: Eingreifen oder Nicht-Eingreifen. Beide Entscheidungen haben negativen Folgen:

1. Wenn der Westen nicht interveniert hätte, war es gut möglich, daß sich ein Bürgerkrieg mit vielleicht Zehntausenden Toten und noch mehr Vertriebenen entwickelt hätte; d.h. die Tragödie von Bosnien-Herzegowina drohte sich zu wiederholen[76]. Das Verhalten des jugoslawischen Präsidenten hat in den vergangenen zehn Jahren gezeigt, daß ohne glaubhafte militärische Drohungen kein Einlenken zu erwarten war. Würde nicht von außen angegriffen, gingen die Militär- und Polizeiaktionen gegen die renitenten und den Kampf um Unabhängigkeit mehr und mehr mit militärischen Mitteln führenden Albaner weiter. Dem Westen Europas drohte eine Flüchtlingswelle.

Unter politischen und völkerrechtlichen Aspekten betrachtet, ging es um die Frage, ob zugelassen wird, daß politische und ethnische Konflikte mit Gewalt ausgetragen bzw. unterdrückt werden. Wenn andere Maßnahmen nicht fruchten, bedeutete ein Nichteingreifen gegen die Unterdrückungs-, Zwangs- und ethnische Verteidigungspolitik von Milosevic das Gewährenlassen bei der Verletzung fundamentaler Menschenrechtsprinzipien.

Politisch stand zweitens die Glaubwürdigkeit der NATO auf dem Spiel. Sollte NATO als „einzig verbliebene wirksame Sicherheitsorganisation in Europa" nicht eingreifen, drohten Konsequenzen nun auf sie zurückzufallen. Entgegen den Erwartungen der Öffentlichkeit und der Selbstdarstellung der Allianz würde diese so unfähig wie die EU, deren Gemeinsame Außen- und Sicherheits-

---

[76] Vgl. Pradetto, S. 7

politik (GASP), die WEU, die OSZE und die UNO erscheinen, das Geschehen in den Griff zu bekommen.

Darüber hinaus stand die NATO unter Handlungsdruck. Nachdem Außen- und Verteidigungsminister von NATO-Staaten bereits militärische Schläge angedroht haben, sollte Milosevic nicht einlenken, würde ein Untätigbleiben bei einer weiteren Eskalation der Konflikte im Kosovo die Allianz in ihrer Ordnungs- und Sicherheitsfunktion weder auf dem Balkan noch in anderen Regionen Europas überzeugend und verläßlich erscheinen lassen.

Sicherheitspolitisch wären davon die bereits eingangs angeführten negativen Folgen auf die Stabilität in Südosteuropa und darüber hinaus in ganz Europa zu befürchten.

Sowohl unter genannten humanitären als auch politischen und sicherheitspolitischen Gesichtspunkten[77] scheint es also nahe zu liegen, wie in Bosnien-Herzegowina militärische Mittel einzusetzen, um Krieg und Vertreibung zu stoppen und Voraussetzungen für Verhandlungen zwischen Belgrad und Vertretern der Kosovo-Albaner zu schaffen.

2. Die völkerrechtlichen Konsequenzen eines militärischen Eingreifens ohne Legitimation durch den Sicherheitsrat sind ambivalent. Unter dem Aspekt der Entwicklung des internationalen Rechts wird eine derartige Maßnahme die Rückkehr zur Situation vor dem Inkrafttreten der Satzung des Völkerbundes im Jahre 1919 bedeuten, als es noch im Belieben eines Staates oder mehrerer Staaten stand, sich selbst die Legitimation für militärische Aktionen gegen einen oder mehrere andere Staaten zu erteilen. Nach der gegebenen Völkerrechtslage kann eine militärische Intervention der NATO gegen den souveränen Staat BRJ als unrechtmäßige Gewaltanwendung und als verbotene Kriegshandlung interpretiert werden[78]. Die Glaubwürdigkeit westlicher Staaten wie das Vertrauen in eine internationale Rechtsgemeinschaft dürfte dadurch erheblich erschüttert werden.

---

[77] Siehe näher dazu Exkurs II

[78] Auch der deutsche Verteidigungsminister Volker Rühe, der der serbischen Führung mehrfach militärische Maßnahmen von Seiten der NATO angedroht hatte, räumt ein, daß mögliche Operationen von Luftstreitkräften, sollten Gefährdungen für die eigenen Soldaten ausgeschlossen werden, die Ausschaltung von Luftabwehrstellungen in der Region implizierten. Dies aber würde laut Rühe einen „schwerwiegenden Eingriff" im Gebiet bedeuten. Vgl. „NATO-Einsatz letztes Mittel", Süddeutsche Zeitung vom 24.06.1998

Die UNO könnte infolge einer solchen Entscheidung der NATO in eine gefährliche Zerreißprobe geraten. Der UN-Sicherheitsrat hat – darauf haben sich die Gründerstaaten und diejenigen, die Charta unterzeichnet haben, aus guten Gründen und historischen Erfahrungen geeinigt – „die Hauptverantwortung für die Wahrung des Weltfriedens und der internationalen Sicherheit"; die UN-Mitglieder „erkennen an, daß der Sicherheitsrat bei der Wahrnehmung der sich aus dieser Verantwortung ergebenden Pflichten in ihrem Namen handelt" (Art. 24 UN-Charta). Laut Art. 39 stellt der Sicherheitsrat fest, „ob eine Bedrohung oder ein Bruch des Friedens oder eine Angriffshandlung vorliegt". Maßnahmen bis hin zum Einsatz von Luft-, See- oder Landstreitkräften (Art. 42) beschließt der Sicherheitsrat, wenn „neun Mitglieder einschließlich sämtlicher ständiger Mitglieder" zustimmen (Art. 27 III). Eine solche Entwicklung wäre nicht nur für die UNO und das Völkerrecht, sondern insgesamt für den Fortgang der internationalen Beziehungen und auch für die Interessen der Westmächte fatal. Belgrad könnte sich bei Gegenmaßnahmen zur Abwehr der Intervention der NATO sogar auf Art. 51 UN-Charta berufen, der „das naturgegebene Recht zur individuellen oder kollektiven Selbstverteidigung" beinhaltet. Unter eben dieser Maßgabe könnte beispielsweise Rußland im Sicherheitsrat wie in der Generalversammlung versuchen, Beschlüsse gegen die „Aggression" der NATO zu erwirken.

So gesehen, wäre ein militärisches Vorgehen ohne Zustimmung der UNO eine gravierende Fehlleistung in der internationalen Politik. UNO-Generalsekretär Kofi Annan ließ Ende Juni 1998, nach einigen vergeblichen Versuchen, im Sicherheitsrat der Vereinten Nationen zu einem einvernehmlichen Vorgehen in der Kosovo-Frage zu gelangen, verlauten, er halte für ein militärisches Eingreifen ein Mandat der Vereinten Nationen für unbedingt notwendig. Eine Intervention ohne Mandat wäre ein gefährlicher Präzedenzfall, weil es schwerfallen werde, andere Regierungen von ähnlichen Aktionen abzuhalten[79].

Also NATO hat entschieden – Eingreifen. Ob dieser Einsatz vom Völkerrecht gerechtfertigt ist, ist Thema nächsten Abschnitts.

---

[79] Vgl. „Großoffensive serbischer Truppen im Kosovo", Süddeutsche Zeitung vom 30.06.1998

## 4. Rechtsgrundlage nach dem Völkerrecht?

*„Der Frieden ist nicht alles, aber ohne*
*Frieden ist alles nichts".*
(Willy Brandt)

Dieses Wort Willy Brandts fiel seinerzeit vor dem Hintergrund des Versuches, durch Verhandlungen eine ideologische Kampfkonfrontation aufzulösen. Frieden bewahren, so die Botschaft, ist ein wichtiger Grundstein für jede politische Option. Wer die friedliche Situation fahrlässig oder gar vorsätzlich in eine kriegerische umwandelt, der verhindert eine politische Lösung.

Dies galt zur Zeit des Kalten Krieges. Und darum geht es auch heute im Kosovo.

Zahlreiche Meinungsäußerungen bekannter Personen – darunter auch solche namhafter Juristen[80] – bezweifelten die Rechtmäßigkeit der NATO-Luftangriffe. Es lohnt sich deshalb, sich mit der Frage zu beschäftigen, ob und auf welche Weise die NATO-Aktion rechtlich legitimiert werden kann. Es ist unbestritten, daß auf die Frage, wie die Staatengemeinschaft auf Menschenrechtsverletzungen reagieren soll, keine leichten Antworten gegeben werden können.

Im folgenden werden daher zwei Auffassungen dargelegt: Zum einen die befürwortende Auffassung (dazu a) [81], zum anderen die ablehnende Auffassung (dazu b).

---

[80] Dabei haben sich die Völkerrechtler selbst deutlich zurückgehalten.

[81] Daß die insgesamt 32000 Einsätze von Bomben völkerrechtswidrig sind, die UN-Charta verletzen und die Verfassung einzelner NATO-Staaten brechen, wird auch von den Befürwortern der Aggression kaum bestritten. Vgl. Altvater, S. 70. Die Aggression wird vielmehr mit einer Art Notstandsrecht gerechtfertigt. Näher zur humanitären Intervention im allgemeinen siehe ausführl. Vortrag von Prof. Dr. Murswiek, Staat 1996.

## a) Die befürwortende Auffassung: Die Rechtfertigung des NATO-Einsatzes im Kosovo nach dem Völkerrecht

*„Wir führen keinen Krieg"*
(Gerhard Schröder)

Schon früher gab es eine Auffassung, daß der Sicherheitsrat bei den Verletzungen der Menschenrechte mit grenzüberschreitenden Auswirkungen, etwa in Form Flüchtlingsströmen oder einer allgemeinen Destabilisierung des regionalen Umfelds, nach Art. 39 im Rahmen des Kapitels VII UN-Charta zweifellos berechtigt ist, darin eine Bedrohung des Weltfriedens und der internationalen Sicherheit zu sehen und kollektive Zwangsmaßnahmen einzuleiten[82]. Das Ziel der Intervention wäre die Beseitigung der friedensbedrohenden Mißstände.

Fraglich ist schon, ob der NATO-Vertrag die Angriffe deckt. Nach bislang herrschender Lehre sei die NATO ein Verteidigungsbündnis. Ein Mitgliedstaat der NATO wurde aber nicht angegriffen. Es fehlt daher nach dem zur Zeit des Beginns der Angriffe geltenden Vertragsrecht an klaren Voraussetzungen, um in Jugoslawien militärisch vorzugehen. Erst das Ende April in Washington beschlossene neue Strategie-Konzept, das den Aufgabenbereich weiter als bisher definiert[83], holt das nach. Die NATO selbst ist offenbar stillschweigend davon ausgegangen, daß ihr schon bisher eine Krisenintervention bei schwersten Verletzungen der Menschenrechte erlaubt war.

Die militärischen Operationen im Kosovo-Konflikt wurden auf der Grundlage von Beschlüssen des NATO-Rates durchgeführt. Ob auch die NATO ein System gegenseitiger kollektiver Sicherheit ist, ist unumstritten[84]. In der Literatur wird zu Recht darauf hingewiesen, daß die völkerrechtliche Terminologie einen Unterschied zwischen Systemen gegenseitiger kollektiver Sicherheit und Systemen kollektiver Selbstverteidigung macht. In Systemen gegenseitiger kollektiver Sicherheit wie den Vereinten Nationen werden Konflikte zwischen den Mitgliedstaaten auf der Grundlage der jeweiligen Satzung, also im Falle der Vereinten Nationen auf der Grundlage der UN-Charta gelöst[85].

---

[82] Vgl. Giersch, S. 73
[83] Die NATO versteht sich danach gleichsam als militärischer Krisenmanager
[84] Siehe Fink, S. 1019
[85] Vgl. Bothe, in:Vitzthum, S 605ff.

Systeme kollektiver Selbstverteidigung organisieren eine gemeinsame Verteidigung gegen Angriffe von Drittstaaten. Die von ihnen durchgeführten Militäroperationen können gegenüber dem Aggressor nicht durch ihre Satzung gerechtfertigt werden, da der Aggressor nicht Mitglied des Bündnisses ist. Sie können nur durch das völkergewohnheitsrechtlich anerkannte Recht auf individuelle und kollektive Selbstverteidigung gerechtfertigt werden[86].

Entsprechend dieser völkerrechtlichen Unterscheidung ist die NATO im Kern ein System kollektiver Selbstverteidigung[87]. Auf jeden Fall sind die Aktionen der NATO im Kosovo-Konflikt nicht als Maßnahmen gegenseitiger kollektiver Sicherheit im völkerrechtlichen Sinne zu qualifizieren, da sie sich gegen einen Staat wenden, der nicht Mitglied des Bündnisses ist und da sie sich nicht als durch den Nordatlantikvertrag legitimierte Zwangsmaßnahmen darstellen.

Verfassungsrechtlich hat sich jedoch eine vom Völkerrecht abweichende Terminologie ausgebildet[88]. Ausgehend von der Entstehungsgeschichte der Norm kommt so z.B. das BVerfG in seiner Entscheidung im 90. Band zu dem Ergebnis, daß auch Bündnisse kollektiver Selbstverteidigung Systeme gegenseitiger kollektiver Sicherheit im Sinne von Art. 24 II GG sein können, „wenn und soweit sie strikt auf die Friedenswahrung verpflichtet sind"[89].

### aa) Geschriebenes und ungeschriebenes Völkerrecht

Im Schrifttum stößt man häufig auf die Ansicht, das geltende Völkerrecht legitimiere lediglich solche Maßnahmen, die von den Vereinten Nationen selber oder mit ihrer Genehmigung durchgeführt werden und sich folglich auch an ihrer Satzung, der Charta der Vereinten Nationen, orientierten. Diese Ansicht kommt zu dem Schluß, ein NATO-Eingriff ohne vorherige Zustimmung des Sicherheitsrates verstoße gegen das geltende Völkerrecht[90]. Dagegen sagt eine andere Auffassung, diese Sichtweise simpliziere die komplexe Rechtssituation.

Völkerrecht gab es schon lange vor der Gründung der Vereinten Nationen; seine Wurzeln lassen sich in Europa auf das späte Mittelalter zurückverfol-

---

[86] Vgl. Fischer, in: Ipsen, S. 916

[87] Vgl. ebenda, S. 917

[88] Vgl. Kunig, in: Vitzthurm, S. 139

[89] BverfGE 90, 286 (349)=JZ 1994, 1062 (1066)

[90] Nachweise bei Simma im Internet; vgl. ebenso den mündlichen Vortrag der BRJ vor dem IGH vom 10.05.1999 (CR 99/14) zum Antrag auf Erlaß vorsorglicher Maßnahmen

gen, bei einem weiteren Verständnis gar zurück auf die Antike. Das Völkerrecht ist nach einhelliger Auffassung das Recht, das die Völker oder Staaten im ständigen Umgang miteinander geschaffen haben, nicht nur durch den Abschluß von bi- und multilateralen Abkommen, sondern auch durch lange andauernde Übung. Es haben sich bestimmte Regeln herauskristallisiert, die als Folge dieser Übung von den Staaten akzeptiert wurden: das sog. „Völkergewohnheitsrecht". Beides, Gewohnheits- und Vertragsrecht erhalten ihre Legitimation keineswegs erst durch die UNO.

Darüber hinaus gibt es völkerrechtliche Elemente, die man als „Vernunftrecht" bezeichnet, z.B. das Notwehrrecht, d.h. das Recht, den eigenen Rechtskreis gegen Übergriffe Dritter zu verteidigen und dem Überfallenen zu Hilfe zu kommen, das in der Staatenwelt ebenso gilt wie im Recht der Zivilisten[91]. Die elementaren Grundsätze des Notwehrrechts sind in der Regel in Gesetz und internationale Satzungen der Konventionen eingegangen, aber sie galten auch vorher schon ohne deren Anerkennung und galten und gelten unabhängig von ihrer schriftlichen Positivierung.

Sie können selbst ohne die Existenz eines Staates Geltung entfalten. Mit anderen Worten: Es läßt sich zwar mit Sicherheit sagen, daß eine Maßnahme, die auf der Grundlage der Charta der Vereinten Nationen ergeht, auf geltendem Völkerrecht beruht. Daraus läßt sich aber nicht der Umkehrschluß ziehen, daß eine Handlung, die nicht auf dieser Basis beruht, deshalb schon völkerrechtswidrig sei[92]. Es gibt eine Vielzahl von Rechtsnormen jenseits der positiv ergangenen Regelungen, die auch gälten, wenn es die Vereinten Nationen nicht gäbe. Zum Beispiel ist der Satz: „*Pacta sunt servanda*" Bestandteil der Wiener Vertragsrechtskonvention. Wenn es diese nicht gäbe, gälte dieser Satz trotzdem. Und er würde auch gelten, wenn es die UNO nicht gäbe. Er würde selbst dann gelten, wenn es noch nie eine übereinstimmende Regelung zwischen Völkern oder eine übereinstimmende Praxis gegeben hätte[93].

Es ist wichtig, zu berücksichtigen, daß das Völkerrecht in seiner geschriebenen Struktur, wie wir sie heute haben, in einem sehr großen Umfang zu einer

---

[91] Die dogmatische Herleitung eines völkerrechtlichen Notwehrrechts bindet sich bereits im 16. Jhd. Bei Grewe, S. 264ff.; zum Notwehrrecht im allgemeinen Seidl-Hohenveldern, Rdnr. 1787ff.

[92] Das räumt selbst Merkel ein, der freilich zu einem anderen Ergebnis bezüglich der Völkerrechtsmäßigkeit der NATO-Einsätze kommt.

[93] So auch Kimminich, S. 217

Zeit formuliert wurde, als die politische Verhältnisse im zwischenstaatlichen Bereich dem „eisernen Vorhang" Rechnung trugen, d.h. im Konsens mit den kommunistischen Staaten fixiert werden mußten. Um die Systemgegensätze zu überdecken, war das extrem vage, stets auf einen Ost-West-Konsens ausgerichtet, also maßgeblich durch den Ost-West-Konsens geprägt das Völkerrecht. Das bedeutet: Es wurden Notwehrrechte der Völker beschnitten, die es schon Jahrhunderte, sogar Jahrtausende lang gab.

### bb) Humanitäres Völkerrecht

#### (1) Humanitäres Völkerrecht und die Charta der Vereinten Nationen

Allerdings empfiehlt sich zunächst eine Untersuchung, ob die rechtliche Grundlage für die humanitären Interventionen der NATO auch im Bestand des schriftlichen positivierten Völkerrechts gefunden werden kann. Historisch gesehen gewährte die Charta der Vereinten Nationen keine ausdrückliche Bestandsmöglichkeit für humanitäre Zwecke. Die Vereinten Nationen waren explizit auf Gewaltverbot und Gewaltvermeidung angelegt. Man war offensichtlich bei der Gründung der Charta der Auffassung, daß die Gewaltvermeidung und die Kriegsverhütung bzw. friedliche Streitbeilegung automatisch eine Verbesserung der Menschenrechtssituation nach sich ziehen würden, ein, wie Doehring bemerkt, folgenschwerer Irrtum[94]. Militärische Interventionen sollten ausschließlich der Selbstverteidigung dienen, es sei denn, daß sie auf einer Entscheidung des Sicherheitsrates beruhen[95].

Entscheidungen des Sicherheitsrates der Vereinten Nationen entsprechen kaum rechtsstaatlichen Anforderungen. Vermittels des Vetos eines einzigen ständigen Mitgliedes des Sicherheitsrates können notwendige Entscheidungen gänzlich verhindert werden. Dies bedeutet, daß ein Staat, der nicht einmal ansatzweise den Rechtsstaatskriterien genügt, wie z.B. China, die Definitionsmacht besäße, ob eine Maßnahme völkerrechtmäßig oder völkerrechtswidrig ist.

Effektiver Schutz der Menschenrechte ist daher nur denkbar, wenn nicht alleine auf die Verfahrensordnung des Sicherheitsrates abgestellt wird. Allein der Umstand, daß der Sicherheitsrat einem Einsatz nicht zugestimmt hat, kann daher nicht automatisch zur Völkerrechtswidrigkeit führen, zumal das Völker-

---

[94] Vgl. Doehring, Rdnr. 1008f.

[95] Zum Gewaltverbot und seiner Entwicklung im Rahmen der Vereinten Nationen Grewe, S. 783ff.

recht eine äußerst lückenhafte Rechtsordnung darstellt, die keineswegs den Rechtscharakter einer Kodifizierung aufweist[96].

Auch der Hinweis auf den Zusammenhang von NATO-Vertrag und der UN-Charta[97] vermag nicht zu überzeugen, so die Befürworter des NATO-Einsatzes im Kosovo: Der NATO-Vertrag enthält keine Abhängigkeit vom Entscheidungsverfahren der UN-Charta, sondern erklärt die Übereinstimmung mit den materiellen Zielen der UNO[98]. Historisch gesehen war das nordatlantische Bündnis ein Verteidigungsbündnis gegen kommunistische Aggressionen. Wenn die Reaktion der NATO auf einen Angriff der früheren DDR nur in Übereinstimmung mit dem Sicherheitsrat hätte erfolgen dürfen, gäbe es schlicht keinen Verteidigungsfall, da die UdSSR ihr Veto eingelegt hätte. Das gleiche gilt für den Zwei-Plus-Vier-Vertrag. Eine Übereinstimmung der Einsätze der NATO mit den Zielen der UN-Charta in materieller Hinsicht liegt aber vor. Denn zu diesen Zielen gehört auch die Durchsetzung eines Mindeststandards der Menschenrechte, zumindest der Schutz gegen Völkermord und Vertreibung.

*(2) Anwendbarkeit des humanitären Völkerrechts*

Die zahlreichen internationalen Initiativen der jüngsten Vergangenheit konnten nicht verhindern, daß sich die Situation im Kosovo weiter zuspitzte. Angesichts der intensiven Kampfhandlungen ist es gerechtfertigt, davon zu sprechen, daß die Auseinandersetzungen im Kosovo die Qualität eines nicht-internationalen bewaffneten Konflikts erreichten[99]. Wenn es zu bewaffneten, organisierten und andauernden Konfliktsituationen zwischen der rechtmäßigen Regierung eines Staates und Rebellen kommt, dann sind die Regelungen des humanitären Völkerrechts anwendbar. Deren Ziel ist es, die Gewalttätigkeit bei den Auseinandersetzungen zu begrenzen und die Menschen vor eventuellen Überschreitungen der Befugnisse seitens der Kriegführenden zu schützen sowie Regeln für den Umgang mit Personen aufzustellen, die nicht oder nicht mehr an den Feindseligkeiten teilnehmen[100]. Die Bestimmungen des humanitären Völkerrechts haben Vorrang vor den Regeln des allgemeinen Menschenrechtsschutzes, wie der IGH bezüglich des Rechts auf Leben in Ziff. 25 seines Gutachtens zur Legalität der

---

[96] Vgl. Wilms, S. 228

[97] Vgl. Zuck, S. 226

[98] Vgl. Wilms, S 228

[99] Davon geht auch die Res. 1199 (1998) des UN-Sicherheitsrates ausdrücklich aus.

[100] Vgl. Wollenschläger, S. 10

Bedrohung durch oder Anwendung von Atomwaffen vom 8. Juli 1996 feststellte[101].

Das anwendbare Vertragsrecht beschränkt sich auf die gleichlautenden Art. 3 der vier Genfer Abkommen (im folgenden GA). Ergänzt wird das Vertragsrecht durch das Völkergewohnheitsrecht, das z.T. über das Vertragsrecht hinausgeht. Demnach sind Personen, die nicht unmittelbar an den Feindseligkeiten teilnehmen, mit Menschlichkeit zu behandeln und dürfen nicht diskriminiert werden. Jederzeit und überall dürfen diese Personen keinen Angriffen auf das Leben und die Person ausgesetzt sein, ihre Würde ist zu respektieren. Sie dürfen nicht als Geiseln genommen und Verurteilungen können nur durch ordentlich bestellte Gerichte unter Beachtung der Rechtsgarantien erfolgen.

Da die BRJ einer der wenigen Staaten ist, die das Zusatzprotokoll II zu den GA von 1949 ratifiziert haben, stellt sich die Frage, ob dieses anwendbar ist. Um sie zu beantworten, muß man die Intensität des bewaffneten Konflikts im Kosovo prüfen. Allgemein wird nämlich davon ausgegangen, daß die vom gemeinsamen Art. 3 der GA geforderte Intensität geringer ist als die für die Anwendung von Zusatzprotokoll II (im folgenden ZP II) erforderliche[102]. In der Tat verlangt letzteres, daß der bewaffnete Konflikt zwischen Streitkräften einer Vertragspartei und organisierten bewaffneten Gruppen stattfindet. Diese Gruppen müssen unter einer verantwortlichen Führung stehen und die Kontrolle über einen Teil des staatlichen Hoheitsgebiets ausüben: Des weiteren müssen sie in der Lage sein, anhaltende und koordinierte Kampfhandlungen durchzuführen und das ZP II anzuwenden. Es ist offensichtlich, daß die Voraussetzungen für die Anwendung des Protokolls damit sehr hoch angesetzt sind. Daher muß bezweifelt werden, ob die Situation im Kosovo tatsächlich in den Geltungsbereich des ZP II fiel. Schließlich gab es dort einerseits erhebliche Widersprüchlichkeiten zwischen den Untergrundkämpfern und der politischen Führung der Kosovo-Albaner. Anderseits war auch nicht erkennbar, daß es tatsächlich eine einheitliche militärische Führung der Untergrundarmee gab. Vielmehr wurden einzelne Kampfhandlungen von separaten Gruppen ausgeführt. Dieser Umstand erleichterte es der jugoslawischen Führung, die Untergrundkämpfer als Terroristen und

---

[101] IALANA (Hrsg.), S. 42

[102] Vgl. Sandoz, S. 1350, Ziff. 4457

Kriminelle zu bezeichnen. Dementsprechend ging die jugoslawische Bundesregierung mit militärischer Macht gegen die Albaner vor[103].

Gleichwohl fanden diese Kampfhandlungen nicht im rechtsfreien Raum statt. Selbst wenn das ZP II mit seinen detaillierten Bestimmungen hinsichtlich des Kosovo nicht anwendbar war, so bleibt doch der generelle Schutz des Art. 3 GA erhalten. Es besteht nach den vorliegenden Berichten kein Zweifel daran, daß es seitens der serbischen bewaffneten Kräfte zu schwerwiegenden Verletzungen der in diesem Artikel genannten Rechte der albanischstämmigen Bevölkerungsgruppe gekommen ist. Sie sind eine Ursache für die Massenflucht dieser Menschen aus ihren angestammten Wohngebieten. Welche Bedeutung die Staatengemeinschaft dem Vertreibungsverbot beimißt, wird an Art. 17 Abs. 2 ZP II deutlich: „Zivilpersonen dürfen nicht gezwungen werden, ihr eigenes Gebiet aus Gründen zu verlassen, die mit dem Konflikt im Zusammenhang stehen". Auch wenn das Zusatzprotokoll aus den oben dargestellten Gründen hier nicht anwendbar ist, so widerspiegelt diese Bestimmung doch die allgemeine Rechtsüberzeugung, daß Vertreibungen in einem nicht-internationalen bewaffneten Konflikt völkerrechtswidrig sind. Auch militärische Gründe rechtfertigen es nach Auffassung der ILC nicht, die demographische Zusammensetzung der Bevölkerung aus politischen, rassischen oder religiösen Gründen zu ändern[104]. Die Bedeutung dieses Verbots ist gerade gegenwärtig nicht zu überschätzen, da Kriege zunehmend nicht mehr zwischen Armeen geführt werden, sondern gegen die Zivilbevölkerung mit dem Ziel ihrer Vertreibung oder Ausrottung[105].

Unterstrichen wird das Vertreibungsverbot auch durch die Bestimmungen zum internationalen bewaffneten Konflikt. Die rechtswidrige Deportation wird im Art. 174 des IV. GA vom 12. August 1949 zum Schutze von Zivilpersonen in Kriegszeiten[106] als Verletzung des humanitären Völkerrechts bezeichnet. Diese Formulierung mußte gewählt werden, weil Art. 49 eine vollständige oder teilweise Evakuierung von Zivilpersonen erlaubt, wenn und solange die Sicherheit der Bevölkerung oder zwingende militärische Gründe diese Maßnahme erforderlich machen. Freilich ist sie unmittelbar nach Beendigung der Feindseligkeiten wieder rückgängig zu machen. Art. 85 ZP II unterstreicht diese Verpflich-

---

[103] Vgl. Ehrhart/Haradi, S. 102
[104] UN-Doc. A/CN.4/SER.A/1991/Add.1, Part 2
[105] Vgl. Wollenschläger, S. 11
[106] BGBl II 1954, 917ff.

tung und verbietet ungerechtfertigte Verzögerungen bei der Heimschaffung von Kriegsgefangenen oder Zivilpersonen. Diese Regelungen bestätigen, daß sich die Staatengemeinschaft der zentralen Stellung des Vertreibungsverbot im humanitären Völkerrecht durchaus bewußt ist. Folglich verurteilte der UN-Sicherheitsrat im Jugoslawien-Konflikt die Praxis der „ethnischen Säuberungen" erstmals mit der Res. 780 vom 13.08.1992 unter Kap. VII der UN-Charta. Ausdrücklich bezieht er sich dabei auf das humanitäre Völkerecht. Dessen Verletzungen „einschließlich derjenigen im Zuge der Praxis der „ethnischen Säuberungen" werden kritisiert. Explizit wird die „ethnische Säuberung" als Verbrechen gegen die Menschlichkeit bezeichnet[107].

Daß sich diese Auffassung durchsetzte, wird daran deutlich, daß sowohl die Statuten der Ad-hoc-Strafgerichtshöfe zum ehemaligen Jugoslawien und Ruanda[108] als auch das Statut des Ständigen Internationalen Strafgerichtshofes[109] die Vertreibung und Deportation als Verbrechen gegen die Menschlichkeit qualifizieren.

*Durch die militärischen Kampfhandlungen seiner Anti-Terror-Einheiten hat Jugoslawien gegen das humanitäre Völkerrecht verstoßen.* Ausdrücklich spricht der UN-Sicherheitsrat von seiner „excessive(n) und wahllose(n) Gewaltanwendung seitens der serbischen Sicherheitskräfte und der jugoslawischen Armee, die zu zahlreichen Opfern unter der Zivilbevölkerung geführt hat und nach Schätzungen des Generalsekretärs die Ursache für die Vertreibung von mehr als 230.000 Menschen war[110]".

### cc) Die Menschenrechte im Völkerrecht

Die Entwicklung der Menschenrechte sei 1949 zeigt ihre immer größer werdende Bedeutung. Darin erweist sich, daß der Universalität der Menschenrechte zunehmend Raum gegeben wird. Inzwischen ist es unstreitig, daß ein Land nicht mehr mit dem Einwand gehört werden kann, daß die Sicherung eines humanitären Mindeststandards zu seinen inneren Angelegenheiten gehöre[111]. Auch Boutros Ghali hat als Generalsekretär der Vereinten Nationen in seiner „Agenda for

---

[107] Vgl. Marko, S. 134f.

[108] UN-Doc. E/CN.4/Sub.2/1994/18, para.19

[109] Art. 7 Abs. 1, lit. d des Statuts, in: Humanitäres Völkerrecht - Informationsschriften 3/1998, S. 182

[110] So die Res. 1199 (1998) vom 23.09.1998

[111] Vgl. Lange, S. 315

Peace"[112] neben Empfehlungen für die Gewährleistung der Menschenrechte als Teil der neuen Generation von UN-Friedenseinsätzen darauf hingewiesen, daß die Zeiten absoluter und bedingungsloser Staatensouveränität vorbei seien.

In dem Spannungsverhältnis zwischen Nichteinmischung einerseits und Menschenrechtsgeltung anderseits (wie bereits in der Helsinki-Schlußakte vom 1. August 1975 verfestigt) muß also das Prinzip der Nichteinmischung daher zurücktreten, wenn es sich um massive und systematische Menschenrechtsverletzungen (*„consistent pattern of gross and reliably attested violations"*) handelt[113].

Die Gründung der Vereinten Nationen war gleichzeitig Ausdruck zweier Rechtspositionen, die sich die Völkerrechtsgemeinschaft nach dem Ende des Zweiten Weltkrieges zu eigen machen wollte: Es sollte eine sichere Bastion zur Garantie des Friedens erreicht werden und zugleich eine Verankerung allgemeiner Menschenrechte als eines der vorrangigen Schutzgüter der Vereinigung. Ausdruck des humanitären Ziels war die im Jahre 1948 verabschiedete „Allgemeine Erklärung der Menschenrechte". Damit hatte zunächst keinen völkerrechtlichen Vertragscharakter, sondern war nur Ausdruck politischen Willens. Um sie ins geltende Vertragsvölkerrecht zu transformieren, wurde 1966 die Konvention zum Schutze politischer und bürgerlicher Rechte und zum Schutz sozialer und kultureller Rechte proklamiert[114]. Darüber hinaus entwickelten sich auch bald regionale Menschenrechtserklärungen, wie die Europäische Deklaration zum Schutze der Menschenrechte sowie die Amerikanische und Afrikanische Menschenrechtskonvention.

In bemerkenswerter Klarheit heißt es in der Allgemeinen Erklärung der Menschenrechte, verkündet von der Generalversammlung der Nationen am 10.9.1948:

> „Da die Anerkennung der allen Mitgliedern der menschlichen Familie innewohnenden Würde und ihrer gleichen und unveräußerlichen Rechte die Grundlage der Freiheit der Gerechtigkeit und des Friedens in der Welt bildet,

---

[112] Z.B. Boutros Ghali, „Friedenserhaltung durch die Vereinten Nationen, eine Chance für den Weltfrieden", in: Europa Archiv 1993, S. 123ff.

[113] Vgl. Res. 1503 des UN-Wirtschaftts- und Sozialrates sowie SR-Res. Vom 27.05.1970 in Knipping, Dok. 101, Anm. 35

[114] IPBPR vom 19.12.1966, BGBl II 1973, 1534, sowie BGBl II 1973, 1579

da Verkennung und Mißachtung der Menschenrechte zu Akten der Barbarei führen, die das Gewissen der Menschheit tief verletzt haben, und da die Schaffung einer Welt, in der den Menschen frei von Furcht und Not Rede- und Glaubensfreiheit zuteilt wird, als das höchste Bestreben der Menschheit verkündet worden ist,

da es wesentlich ist, die Menschenrechte durch die Herrschaft des Rechts zu schützen, damit der Mensch nicht zum Aufstand gegen Tyrannei und Unterdrückung als letztes Mittel gezwungen wird...

verkündet die Generalversammlung

die vorliegende allgemeine Erklärung der Menschenrechte als das von allen Völkern und Nationen zu erreichende Ideal, damit jeder einzelne und alle Organe der Gesellschaft sich diese Erklärung stets gegenwärtig halten und sich bemühen ... diese Rechte und Freiheiten zu fördern und ... ihre allgemeine und tatsächliche Anerkennung und Verwirklichung bei der Bevölkerung sowohl der Mitgliedstaaten wie der ihrer Oberhoheit unterstehenden Gebiete zu gewährleisten".

In Art. 2 AEMR heißt es in Abs. 1:

Art. 2 (1) Jeder Mensch hat Anspruch auf die in dieser Erklärung verkündeten Rechte und Freiheiten, ohne irgendeine Unterscheidung, wie etwa nach Rasse, Farbe, Geschlecht, Sprache, Religion, politischer und sonstiger Überzeugung, nationaler oder sozialer Herkunft, nach Eigentum, Geburt oder sonstigen Umständen.

(2) Weiter darf keine Unterscheidung gemacht werden aufgrund der politischen, rechtlichen oder internationalen Stellung des Landes oder Gebiets, dem eine Person angehört, ohne Rücksicht darauf, ob es unabhängig ist, unter Treuhandschaft steht, keine Selbstregierung besitzt oder irgendeiner anderen Beschränkung seiner Souveränität unterworfen ist...

Ergänzend dazu gilt die Konvention über die Verhütung und Bestrafung des Völkermordes vom 09.12.1948[115]:

„Nach Erwägung der Erklärung, die von der Generalversammlung der Vereinten Nationen in ihrer Resolution 96 (I) vom 11.12.1946 abgegeben wurde,

daß Völkermord ein Verbrechen gemäß internationalem Recht ist, das dem Geist und den Zielen der Vereinten Nationen zuwiderläuft und von der zivilisierten Welt verurteilt wird,

In Anerkennung der Tatsache, daß der Völkermord der Menschheit in allen Zeiten der Geschichte große Verluste zugefügt hat, und

In der Überzeugung, daß zur Befreiung der Menschheit von einer solchen verabscheuungswürdigen Geißel internationale Zusammenarbeit erforderlich ist,

---

[115] BGBl II 1999, 729ff.

sind die Vertragschließenden Parteien hiermit wie folgt übereingekommen:

Art. I. Die Vertragschließenden Parteien bestätigen, daß Völkermord, ob im Frieden oder im Krieg begangen, ein Verbrechen gemäß internationalem Recht ist, zu dessen Verhütung und Bestrafung sie sich verpflichten.

Art. II. In dieser Konvention bedeutet Völkermord eine der folgenden Handlungen, die in der Absicht begangen wird, eine nationale, ethnische, rassische oder religiöse Gruppe als solche ganz oder teilweise zu zerstören:

a. Tötung von Mitgliedern der Gruppe;

b. Verursachung von schwerem körperlichem oder seelischem schaden an Mitgliedern der Gruppe;

c. Vorsätzliche Auferlegung von Lebensbedingungen für die Gruppe, die geeignet ist, ihre körperliche Zerstörung ganz oder teilweise herbeizuführen;

d. Verhängung von Maßnahmen, die auf die Geburtenverhinderung innerhalb der Gruppe gerichtet sind;

e. Gewaltsame Überführung von Kindern der Gruppe in eine andere Gruppe.

Art. III. Die folgenden Handlungen sind zu bestrafen:

a. Völkermord

b. Verschwörung zur Begehung von Völkermord,

c. Unmittelbare und öffentliche Anreizung zur Begehung von Völkermord,

d. Versuch, Völkermord zu begehen,

e. Teilnahme am Völkermord.

Art. IV. Personen, die Völkermord oder eine der sonstigen in Art. III aufgeführten Handlungen begehen, sind zu bestrafen, gleichwohl ob sie regierende Personen, öffentliche Beamte oder private Einzelpersonen sind"[116].

(1) Anwendbarkeit des völkerrechtlichen Menschenrechtsschutzes

Der völkerrechtliche Menschenrechtsschutz geht also auf zwei Rechtsquellen zurück. Zum einen handelt es sich dabei um Völkergewohnheitsrecht (dazu i). So erlangten nach weitverbreiteter Auffassung die Bestimmungen der Allgemeinen Erklärung der Menschenrechte den Charakter von Völkergewohnheitsrecht[117]. Zudem hatte der IGH bereits 1949 im Korfu-Kanal-Fall eingeschätzt, daß die Bestimmungen zum Schutz des menschliches Lebens gewohnheitsrecht-

---

[116] Hervorhebung v. Verf.

[117] Vgl. Wollenschläger, S. 12

lich gelten; im Barcelona-Traction-Fall wurde 1970 den fundamentalen Menschenrechten sogar *erga-omnes*-Wirkung bescheinigt.

Zum anderen ergibt sich aus der Mitgliedschaft Jugoslawiens im UN-Pakt über bürgerliche und politische Rechte und weiteren menschenrechtlichen UN-Übereinkommen auch eine vertragsrechtliche Geltung der Menschenrechte (dazu ii).

Das Recht auf die freie Wahl des Wohnsitzes innerhalb eines Staates ist sowohl Bestandteil des Völkergewohnheitsrechts als auch des Vertragsrechts.

### i. Völkergewohnheitsrechtlicher Standard

Die Freiheit der Wohnsitzwahl ergibt sich aus Art. 13 I der AEMR. Eine weitere gewohnheitsrechtliche Grundlage für das Verbot der Vertreibung ist das Recht auf die Heimat. Die Existenz dieses Rechts war wegen der von den Siegermächten des Zweiten Weltkrieges angeordneten oder zumindest geduldeten Vertreibungen lange Zeit umstritten[118]. Bislang gelang es auch noch nicht, dieses Recht explizit völkervertragsrechtlich festzuschreiben. Allerdings ergibt es sich aus der allgemeinen Akzeptanz des Selbstbestimmungsrechts der Völker[119]. Wäre die Gebietsbezogenheit der Wahrnehmung dieses Rechts nicht gegeben, so könnte ein multiethnischer Staat alle Probleme durch die Umsiedlung von ethnischen Gruppen lösen.

Im früheren Jugoslawien wurde ebendies versucht durch den UN-Sicherheitsrat verurteilt. Erstmals tadelte der UN-Sicherheitsrat im Nr. 6 der Resolution 752 vom 15.05.1992 diese Politik, indem er „alle Parteien und andere Beteiligten auffordert, dafür zu sorgen, daß die Zwangsausweisung von Personen aus den Gebieten, die sie bewohnen, und alle Versuche, die ethnische Zusammensetzung der Bevölkerung in irgendeinem Teil der ehemaligen Sozialistischen Föderativen Republik Jugoslawien zu verändern, sofort eingestellt werden". Da der Rat keine Rechtsgrundlage für diese Forderung angab, ist davon auszugehen, daß er von einer gewohnheitsrechtlichen Geltung des Rechts auf die Heimat ausging. In späteren Resolutionen bezog er sich dann allerdings nur noch auf das humanitäre Völkerrecht.

---

[118] Vgl. Kimminich, Heimat, S. 19
[119] Vgl. Tomuschat, S. 194

Völkergewohnheitsrechtliche Qualität als Menschenrecht hat auch das Recht auf Eigentum (Art. 17 der AEMR). Durch die Vertreibung ist dieses Recht vor allem bei unbeweglichem Eigentum im Grundsatz betroffen. Gerade die jüngste Entscheidung des Europäischen Gerichtshofes für Menschenrechte im Fall Loizidou v. Türkei, in dem es um den Zugang zu Grundstücken im türkisch besetzten Zypern ging, bekräftigt die große Bedeutung dieses Rechts und die Staatenverantwortlichkeit für seine Verletzung[120]. Ein weiteres völkergewohnheitsrechtliches Verbot ist aus dem Minderheitenschutz herzuleiten[121]. So spricht der Spezialberichterstatter der Unterkommission der UN-Menschenrechtskommission zum Bevölkerungstransfer, Al-Khasawneh, davon, daß die Bevölkerungstransfers und Massenvertreibungen gewöhnlich gegen Minderheiten gerichtet seien. Sie widersprächen damit den Normen des „soft law"[122]. Als solche sieht er die UN-Minderheitendeklaration vom 1993 und die Entwürfe zum Kodex über die Verbrechen gegen den Frieden und die Sicherheit der Menschheit an[123].

Als Zwischenergebnis ist festzuhalten: Mit der Vertreibung albanischstämmiger Bevölkerung hat Jugoslawien gegen Völkergewohnheitsrecht verstoßen.

### ii. Vertragsrechtlicher Standard

Die Freiheit der Wohnsitzwahl ist in Art. 12 I des Menschenrechtspakts verankert. Weitere Schranken ergeben sich aus Art. 17, der jedermanns Wohnung vor widerrechtlichem Eindringen schützt und damit ein Recht auf „Privacy" garantiert.

Da Jugoslawien auch dem UN-Pakt über wirtschaftliche, soziale und kulturelle Rechte angehört, ist des weiteren auch auf Art. 11 I zu verweisen, der das Recht auf einen angemessenen Lebensstandard einschließlich einer Wohnung

---

[120] Vgl. Wollenschläger, S. 13

[121] Keine aber der völkerrechtlichen Rechtsquellen bis hin zur vom Europarat verabschiedete Rahmenkonvention des Europarats zum Schutz nationaler Minderheiten kollektive Rechte anerkenne oder überhaupt eine Territorialautonomie verlange. Vgl. Marko, S. 237. Mit solcher Auffassung hat auch Milosevic jeden Sezessionsversuch oder ähnliches der Kosovo-Albaner abgelehnt.

[122] Vgl. Blanke, S. 267

[123] UN-Doc. E/CN.4/Sub.2/1997/23, Para. 14

verbürgt. Nach der Auslegung des einschlägigen Vertragsorgans schließt dies ein Recht auf ein Leben in Würde und Sicherheit ein[124].

Richtet sich die Vertreibung gegen Angehörige einer ethnischen Gruppe ausschließlich aufgrund ihrer ethnischen Zugehörigkeit, so stellt sie auch einen Akt der Diskriminierung dar. Damit widerspricht sie der UN-Charta, Art. 26 des politischen Paktes und dem Übereinkommen gegen Rassendiskriminierung. Dies wurde ausdrücklich auch durch den Ausschuß gegen Rassendiskriminierung festgestellt, der die „ethnische Säuberung" als *„a grave violation of all basic principles underlying the International Convention on the Elimination of All Forms of Racial Discrimination"* bezeichnete[125].

Als „Völkermord" gilt nach Art. II der Völkermordkonvention die oben genannten Taten (siehe Auszüge oben), vorausgesetzt, diese Handlungen werden in der Absicht begangen, eine nationale, ethnische, rassische oder religiöse Gruppe als solche ganz oder teilweise zu zerstören. Unbeachtlich ist dabei, ob die inkriminierten Taten im Krieg oder im Frieden bzw. ob sie während eines internationalen oder eines innerstaatlichen Konflikts begangen wurden[126].

Es dürfte kein Zweifel daran bestehen, daß mit den dargestellten Kriegsverbrechen und Menschenrechtsverletzungen die albanische Volksgruppe im Kosovo jedenfalls „Lebensbedingungen" ausgesetzt wird, die „geeignet sind", ihre „körperliche Zerstörung" ganz oder teilweise herbeizuführen. Insoweit wären – neben der Erfüllung der Tatbestandsmerkmale der lit. a (Tötung von Mitgliedern der Gruppe) und der lit. b (Zufügung schweren körperlichen oder seelischen Schadens) die Voraussetzungen des Strafbestands „Völkermord" nach Art. II der Völkermordkonvention erfüllt.

Die Überlegung besteht hier darin, ob die beschriebenen Taten als „Verbrechen gegen die Menschlichkeit" im Sinne des Völkerrechts betrachtet werden können[127]. Dazu zählen – soweit im vorliegenden Zusammenhang von Relevanz

---

[124] General Comment No. 4 des Committee on Economic, Social and Cultural Rights, in: UN Doc. HRI/GEN/1 Rev.

[125] UN Doc. A/50/18, para. 219

[126] Siehe dazu Final Report of the Commission of Experts Established Pursuant to Security Council Res. 780 (1992), S/1994/674 of May 1994, betreffend die Untersuchung von Verletzungen des internationalen humanitären Rechts in Bosnien und Herzegowina („Bassiouni-Report")

[127] Siehe dazu Art. 5 des Statuts des Internationalen Straftribunals für das ehemalige Jugoslawien.

– Mord, Vernichtung, Deportation, willkürliche Inhaftierung, Folter, Vergewaltigung, Verfolgung aus politischen, rassischen und religiösen Gründen sowie – als eine Art Generalklausel[128]– „andere unmenschliche Akte", wenn sie in einem bewaffneten internationalen oder innerstaatlichen Konflikt gegen eine Zivilbevölkerung begangen werden[129]. Die Verfolgung dieser Verbrechen geht auf die Kriegsverbrecherprozesse von Nürnberg und Tokio zurück und beruht auf anerkannten, gewohnheitsrechtlichen Prinzipien internationalen Rechts, die *erga-omnes* anzuwenden sind. Im Gegensatz zum Völkermord ist bei der Begehung von Verbrechen gegen die Menschlichkeit Vorsatz nicht erforderlich[130]. Wohl aber müssen die erwähnten Taten systematisch oder organisiert begangen worden sein, damit sie als „Verbrechen gegen die Menschlichkeit" qualifiziert werden können[131], ein Kriterium, daß im vorliegenden Fall als erfüllt anzusehen sein wird.

Die beschriebenen Taten lassen sich auch unter Straftatbestände der jeweiligen Art. 3 der vier Rotkreuz-Konventionen 1949 subsumieren[132]. Dazu zählen unter anderen: willkürliche Tötung, Folter und unmenschliche Behandlung, willkürliches Herbeiführen großen Leids oder beträchtlicher Eingriffe in Leib und Gesundheit, ungerechtfertigte massive Zerstörung von Eigentum und Enteignung, ungesetzliche Deportation und Anhaltung und willkürlicher Entzug des Rechts auf ein faires Verfahren.

Auch Verletzungen des Kriegsrechts lassen sich feststellen[133]: Gebrauch von Waffen, um unnötiges Leid hervorzurufen; mutwillige Zerstörung von Dörfern; Attacken und Bombardements auf unverteidigte Dörfer oder Häuser; willkürliche Zerstörung religiöser Stätten; Plünderungen.

Aus oben gesagten kann man Schluß ziehen, daß *Jugoslawien mit der Vertreibung und Völkermord gegen Völkervertragsrecht verstoßen hat.*

---

[128] Diese Generalklausel ist freilich keine unbegrenzte: nur im Rahmen gesicherten völkerrechtlichen Gewohnheitsrechts wäre eine Weiterentwicklung möglich.

[129] Siehe dazu den Abschlußbericht der Kommission (Fn. 130), Z. 75 und 76, in dem sie festhält, daß Verbrechen gegen die Menschlichkeit aber nicht länger nur in Verbindung mit Kriegsverbrechen oder Verbrechen gegen den Frieden gesehen werden dürfen.

[130] Ebenda, Z. 83

[131] Ebenda, Z. 84-86

[132] Siehe auch Art. 2 des Statuts des Internationalen Straftribunals für das ehemalige Jugoslawien.

[133] Siehe ebenda, Art. 3

(2) Völkerrechtliche Verantwortlichkeit für den Völkermord und die Vertreibung

Völkerrechtswidrige Akte, die einem Völkerrechtssubjekt zurechenbar sind, begründen völkerrechtliche Verantwortlichkeit[134]. Einem Staat zurechenbar sind die Handlungen seiner Organe gemäß der innerstaatlichen Ordnung. Zurechenbar ist ihm aber auch das Handeln von *De-facto*-Organen, die zwar nicht Teil der staatlichen Strukturen sind, aber im Interesse oder Willen des Staates gehandelt haben. Auch die Überschreitungen von Kompetenzen oder Maßnahmen entgegen Instruktionen *(ultra vires)*, die in amtlicher Eigenschaft erfolgen, sind staatliches Handeln. Ausgenommen sind allerdings Handlungen von Privatpersonen. Im Kosovo dürften die Menschenrechtsverletzungen sowohl von regulären Staatsorganen wie auch von paramilitärischen Verbänden ausgegangen sein. Deren Handlungen sind der BRJ zurechenbar. Diese Handlungen waren einerseits Ausweisungen, Kampfhandlungen, die Verweigerung des Rückkehrrechts und die Verunmöglichung der Rückkehr. Sie bestanden aber auch in Unterlassungen, indem Übergriffe auf Albaner nicht unterbunden wurden.

*Da Jugoslawien mit seinen Handlungen gegen das humanitäre Völkerrecht und die Menschenrechten verstoßen hat, ist es dafür völkerrechtlich verantwortlich.* Daraus ergibt sich auch die Rechtsfolge zur Wiedergutmachung und der Leistung von Schadenersatz[135].

Die Reaktion der Staatengemeinschaft basiert auf dieser Konstruktion. Ihren deutlichsten Ausdruck fand sie in der Resolution 1199 (1998) vom 23.09.1998. Daß es sich dabei um eine Maßnahme der Durchsetzung der völkerrechtlichen Verantwortlichkeit handelt, wird davon deutlich, daß die Resolution unter Kap. VII UN-Charta angenommen wurde. Dies setzt zwingend voraus, daß zuvor Völkerrecht in einer friedensgefährdenden Weise verletzt wurde. Aufschlußreich ist, worin der UN-Sicherheitsrat diesen Rechtsbruch sieht. Er leitet ihn daraus ab, daß das rechtswidrige Vorgehen der serbischen Organe zu einem Flüchtlingsstrom nach Albanien, Bosnien-Herzegowina und in andere europäische Staaten sowie zu einer zunehmenden Zahl von Binnenvertriebenen geführt hat. Es liegt in der Logik des Kapitels VII UN-Charta, daß diese Resolution auch zwangsweise, und zwar auch mit militärischer Gewalt durchgesetzt werden kann.

---

[134] Vgl. Ipsen, S. 509

[135] Dies dient vor allem der Abschreckung von potentiellen Rechtsbrechern.

Angesichts der ausdrücklichen, klaren und verbindlichen Formulierung der oben genannten Übereinkommen muß es verwundern, daß der gewaltsame Einsatz zur Durchsetzung humanitärer Positionen bzw. die Verhinderung von Völkermord und Vertreibung in der Völkerrechtsdiskussion nach wie vor strittig sind.

Unklar bleibt, wie die Bestrafung des in Jugoslawien in der Person des gegenwärtigen Staatspräsidenten Milosevic klar vorliegenden Tatbestandes des Völkermordes durchgeführt werden soll, wenn nicht durch einen Eingriff von außen in die organisatorische Struktur des Völkermord betreibenden Staates[136].

### dd) Eingriffsrechte aus dem Völkergewohnheitsrecht

1. Das Völkergewohnheitsrecht befindet sich im Hinblick auf humanitäre Eingriffsmöglichkeiten in einer Umbruchsphase. Es ist bereits akzeptiert, daß der Sicherheitsrat eine Friedensbedrohung auch annehmen kann, wenn es nicht unmittelbar um Auseinandersetzungen zwischen Staaten geht, sondern auch dann, wenn die Menschenrechte bedroht sind[137].

Die bloße Eingriffskompetenz des Sicherheitsrates schließt die Eingriffe durch Dritte nicht aus. Der Sicherheitsrat könnte an Eingriffen gehindert sein, sei es, weil ihm keine Truppen zur Verfügung stehen, sei es aus anderen Gründen. Der Sicherheitsrat könnte theoretisch auch willkürlich untätig bleiben, weil es politisch erklärte Absicht eigener Mitglieder ist.

2. In bezug auf die völkerrechtliche Zulässigkeit einer humanitären Intervention schließlich wird wiederum von der herrschenden Lehre des Völkerrechts auf das grundsätzliche Gewaltverbot der Satzung der Vereinten Nationen verwiesen und daher eine nicht durch den Sicherheitsrat gebilligte humanitäre Intervention unter Einsatz von Waffengewalt als völkerrechtswidrig qualifiziert. Aber die von einzelnen Staaten ausgeübte Gewaltanwendung im Falle der humanitären Intervention richte sich nicht gegen territoriale Unversehrtheit oder gegen die politische Unabhängigkeit (gem. Art. 2 Ziff. 4 UN-Charta), sagen einzelne Stimme sowohl der Völkerrechtler als auch der Politiker.

---

[136] So Wilms, S. 229

[137] Vgl. Doehring, Rnd. 1010. Hierfür gibt es Beispiel: Haiti- hier war keine Friedensbedrohung vorhanden, wie sie die UN-Charta vorsieht, es ging lediglich um Fragen humanitärer Hilfe; dennoch gab es eine Resolution des UN-Sicherheitsrates. Das gleiche gilt für Somalia. Allerdings weisen diese Fälle ganz besondere Eigenarten auf, so daß sich jedenfalls noch keine völkerrechtliche Verfestigung ableiten läßt.

3. Weiter wird in der Literatur auch darauf hingewiesen, daß das Gewaltverbot der Satzung der Vereinten Nationen kein so absolutes ist, da ja Art. 51 die individuelle und kollektive Selbstverteidigung ohne vorhergehenden Beschluß des Sicherheitsrates ermöglicht. Damit verweist die UN-Charta auf die außerhalb dieser Satzung den Staaten zustehenden Befugnisse, ihre Rechte notfalls mit militärischer Gewalt zu wahren. Einzige tatbestandliche Beschränkung ist das Erfordernis eines bewaffneten Angriffs auf ein Mitglied. Wegen der *Erga-omnes*-Wirkung der Menschenrechte ist es jedoch zumindest denkbar, daß die Mitgliedstaaten eine Verletzung der Menschenrechte auch als Angriff auf sich selbst ansehen und ein Recht zur Nothilfe für sich in Anspruch nehmen[138]. Und weiter nach Kempen[139], der in dem zitierten Beitrag die Auffassung der Bundesregierung stützt[140], argumentiert, daß auf der Ebene des internationalen Selbstverteidigungsrechts Nothilfe dann gerechtfertigt ist, wenn innerstaatliche Vertreibung zu Fluchtbewegungen führen, die Drittstaaten destabilisieren, wie das nach Kempen Ansicht in Mazedonien und Albanien der Fall ist[141]. Die „ethnische Säuberungen" haben damit die Dimension eines völkerrechtlichen Angriffs, dessen Durchschlagkraft auf der Asylgewährung beruht. Wörtlich schreibt er: „Nimmt man die Destabilisierung anderer Staaten als Rechtmäßigkeitsvoraussetzung hinzu, so hebt dieses weitere Tatbestandsmerkmal militärische Eingriffe auf das zwischenstaatliche Niveau des Art. 51 UN-Charta – und enthebt sie damit der ironischen Unterstellung, die konvertierte Linke halte die NATO neuerdings für den bewaffneten Arm von Amnesty International".[142]

Von Doehring[143] ist die These vertreten worden, daß kollektive Nothilfe (als Ausnahme vom Gewaltverbot) auch zugunsten anderer Völkerrechtssubjekte als der Staaten selbst ausgeübt werden könne. Durch eine Vielzahl völkerrechtlicher Verträge und durch die Praxis der Staaten sei heute allgemein anerkannt, daß die Völker, soweit sie ihr Selbstbestimmungsrecht ausüben, und auch das Individuum, soweit es seine fundamentalen Rechte auf Leben und körperli-

---

[138] Ebenda, S. 554

[139] Kempen, in:FAZ

[140] Nach Randelzhofer zu Art. 51 Rdn. 14, in: Simma ist jede Gewaltanwendung zum Zweck, einen anderen Staat von einem völkerrechtswidrigen Verhalten abzubringen, unzulässig. S.a. die Ausführungen zum Nothilferecht („kollektive Selbstverteidigung"), einem angegriffenen Staat zu Hilfe zu kommen, Kempen, a.a.O., Rdn. 32f.

[141] Es ist aber nicht bekannt, daß diese Staaten um Intervention gebeten haben.

[142] Vgl. Kempen, S. 2

[143] Näher dazu siehe Doehring, Willms

che Unversehrtheit verteidige, Rechtspersönlichkeit im Völkerrecht genießen. Deshalb sei kollektive Nothilfe auch zur Durchsetzung des Selbstbestimmungsrechts der Völker und zum Schutz fundamentaler Menschenrechte zulässig. Der Kosovo-Einsatz ist deshalb durch Art. 51 UN-Charta gerechtfertigt. Die systematische Vertreibung und Tötung der Kosovo-Albaner verletzt diese in ihren fundamentalen Menschenrechten. Außerdem soll dadurch der Mehrheit der Bevölkerung im Kosovo das Recht auf Wiedererlangung ihrer bis 1989 innegehabten Autonomie verwehrt werden. Da die Kosovo-Albaner eine Volksgruppe im Sinne des Völkerrechts sind und ihr Recht auf begrenzte Autonomie innerhalb der BRJ von der Staatengemeinschaft anerkannt worden ist, dient der Einsatz auch zum Schutz des Selbstbestimmungsrechts der Kosovo-Albaner[144]. Die NATO handelt also nach dieser Auffassung zur kollektiven Nothilfe, d.h., daß die NATO im Kosovo als System gegenseitiger kollektiver Sicherheit „zur Wahrung des Friedens" und nicht zur Störung desselben eingesetzt wurde. Kurz gesagt: Kommt es unter Zugrundelegung der Existenz eines Notwehrrechts einer Volksgruppe, gegen die Genozid verübt wird, zur (gewaltsamen) Sezession als *ultima ratio,* würde eine Nothilfe dritter Staaten auch ohne vorherigen Beschluß des Sicherheitsrates als humanitäre Intervention in den Bereich völkerrechtskonformer Gewaltanwendung fallen. Vereinzelte Stimmen der Literatur gehen dabei sogar von einer Pflicht dritter Staaten aus.

4. Zwar hat sich die Auffassung noch nicht allgemein durchsetzen können, daß die Anwendung von Gewalt gegen ethnische Minderheiten ohne weiteres eine Nothilfe, also humanitäre Intervention rechtfertigt[145]. Die Berufung auf Völkerrecht ist aber stets einer kritischen Überprüfung zu unterziehen. Denn dieses Recht befindet sich in ständiger Fortentwicklung. Warum sollte dieser Prozeß plötzlich abgeschlossen sein? Wird, wie im Kosovo-Konflikt, von einer maßgeblichen Gruppe in der Staatengemeinschaft behauptet, daß sich ein Recht zur kollektiven Nothilfe in solchen Fällen durchgesetzt hat, so deutet dies auf einen Wandel im Völkerrecht hin. Für diesen Wandel spricht immerhin, daß die Menschenrechte und das Selbstbestimmungsrecht der Völker in den letzten Jahrzehnten eine deutliche Aufwertung erfahren haben. Beide Rechtstitel gelten heute als sog. *ius cogens,* d.h., die Staaten dürfen in völkerrechtlichen Verträgen

---

[144] Vgl. Fink, S. 1020
[145] Vgl. Wilms, S. 229

keine Regelungen treffen, die diese Rechte beeinträchtigen[146]. Nahezu unbestritten ist heute auch, daß beide Rechtstitel sog. *Erga-omnes*[147]-Wirkung entfalten. D.h., daß bei einer Verletzung dieser Rechte jeder Staat, unabhängig von seiner konkreten Betroffenheit, Maßnahmen zum Schutz dieser Rechte ergreifen kann[148]. Schließlich zeigen die Etablierung der Kriegsverbrechertribunale für Jugoslawien und Ruanda und der Abschluß des Vertrages über die Errichtung eines internationalen Strafgerichtshofs in Rom, daß Verletzungen fundamentaler Menschenrechte völkerrechtlich eine individuelle strafrechtliche Verantwortlichkeit der Handelnden auflösen sollen[149].

Aus dieser gestiegenen Bedeutung der Menschenrechte und des Selbstbestimmungsrechts der Völker hat der UN-Sicherheitsrat auch schon in einigen Fällen für sich das Recht zur sog. humanitären Intervention in Anspruch genommen. Die bezüglich Somalia, Ruanda, Haiti und Bosnien-Herzegowina vom Rat auf dieser Grundlage verhängten militärischen Zwangsmaßnahmen sind nach einigem Zögern in der Staatengemeinschaft auch weitgehend akzeptiert worden[150].

5. Völkergewohnheitsrecht bildet sich dann heraus, wenn die überwiegende Anzahl der Staaten von der Geltung derartiger Rechtssätze ausgeht, wobei teilweise nur eine anzahlmäßig geringe Praxis als ausreichend angesehen wird[151]. Zumindest ein Fall[152] praktischer Übung müsse aber vorliegen. Insoweit könnte man daran denken, daß sich bereits zum gegenwärtigen Zeitpunkt neues Völkergewohnheitsrecht gebildet haben könnte, das auch den Eingriff zugunsten humanitärer Positionen erlaubt. Neues Völkergewohnheitsrecht entsteht nicht notwendig durch den Bruch alten Gewohnheitsrechts. Die neue Regel entsteht dadurch, daß sie einen Sachverhalt regelt, den die alte völkergewohnheitsrechtliche Regel nicht erfaßt hat, z.B. weil sie zu weit formuliert war[153]. Finden sich

---

[146] Vgl. Heinegg, in:Ipsen, S. 168

[147] Siehe näher dazu ee).

[148] Schröder, in: Vitzthurm, S. 545f.

[149] Vgl. dazu ebenda, S. 543ff.

[150] Vgl. Fink, S. 1021

[151] Vgl. Seidl-Hohenveldern, Rdn. 475

[152] Ebenda, Rdn. 487

[153] Ebenda, Rdn. 487

die Staaten – auch nur teilweise – mit der neuen Regelung ab, gilt das neue Völkergewohnheitsrecht[154].

Damit eine neue völkerrechtliche Regel entsteht, bedarf es also eines Anstoßes durch Staaten, die die bisherige rechtliche Situation als unbefriedigend ansehen. Daß diese Situation unbefriedigend ist, zeigen die Menschenrechtserklärung und die Konvention gegen Völkermord, die trotz ausdrücklicher Verpflichtung und Anspruchsbegründung bloße Programmerklärungen blieben, wenn man das alte Völkergewohnheitsrecht in seinem bisherigen Beharrungszustand beließe.

6. Die so kontroverse und immer wieder die moralische mit der juristischen Ebene verquickende Auseinandersetzung um die NATO-Intervention in Jugoslawien verweist aber auch auf die Evolution des Völkerrechts, seine Fähigkeit, auf die Katastrophen der Realität und den Wandel der Auffassungen und Überzeugungen in der internationalen Staatengemeinschaft zu reagieren und sich fortzuentwickeln. Akzeptieren wir den Bedeutungszuwachs, den die Menschenrechte in den internationalen Beziehungen erlangt haben, und konfrontieren wir ihn mit der erschreckenden Bilanz der Menschenrechtsverletzungen in zahlreichen Ländern der Erde und dem mangelhaften Instrumentarium für deren Durchsetzung und Garantie, so könnte die Forderung nach „humanitärer Intervention" auch ohne Ermächtigung durch den UN-Sicherheitsrat weitere Unterstützung in der Staatengemeinschaft finden.

Deshalb ist es durchaus denkbar, daß *die Praxis der NATO zum Kosovo-Konflikt dazu führt, daß den Staaten das Recht zur humanitären Intervention zugestanden wird.*

ee) Das erga-omnes-Prinzip und die Eingriffsbefugnisse nicht-betroffener Staaten

Das derzeitige Völkerrecht kennt zwingende Normen, gegen die die Völkerrechtssubjekte wegen der grundlegenden Bedeutung dieser Normen nicht verstoßen dürfen. Es handelt sich dabei um Normen, die für die Staatengemeinschaft als Ganze von Bedeutung sind; die also im Hinblick auf das Verhalten von Einzelstaaten nicht zur Disposition stehen. Aus diesen Normen entstehen Verpflichtungen, die jeder Staat gegen die Staatengemeinschaft insgesamt hat: Verpflichtungen mit Wirkungen gegenüber allen anderen (*erga omnes*), denen man sich nicht entziehen kann, auch dann nicht, wenn man beispielsweise nicht

---

[154] So auch BVerfGE 16, 27 = NJW 1963, 1732

Mitglied der Vereinten Nationen ist oder einschlägige völkerrechtlich verbindliche Konventionen nicht ratifiziert hat. Zu diesem Grundbestand an zwingenden Normen bzw. Verpflichtungen *erga omnes* gehören nicht nur das Gewalt- oder Aggressionsverbot im Sinne der UNO-Charta, sondern auch das Verbot des Völkermordes, des Sklavenhandels, der Rassendiskriminierung (insbesondere der Apartheid), das Verbot der Verbrechen gegen die Menschlichkeit (im Sinne von Ausrottung, Versklavung, Deportation, ethnischer Säuberung etc.) und auch das Verbot von Kriegsverbrechen im Sinne des humanitären Völkerrechts.

Es gibt also nicht nur das Gewaltverbot als völkerrechtlich grundlegende Norm, sondern auch das Verbot der eben aufgeführten Delikte als *völkerrechtlich* zwingende Norm. Daß diese Delikte auch moralisch verwerflich sind und daß es unterschiedliche philosophische oder religiöse, z.B. naturrechtliche Überlegungen geben kann, warum man entsprechende Verstöße gegen solche Normen als inhuman oder als Verbrechen begreifen sollte, ist möglicherweise politisch bedeutsam, aber rechtlich gesehen unerheblich. Entscheidend ist, daß Verstöße gegen diese Normen, nicht anders als der Verstoß gegen das Gewaltverbot, *Verstöße gegen das bestehende Völkerrecht* sind.

Die Staatengemeinschaft hat durch die Entwicklung des *ius cogens* (zwingendes Recht)[155] und von Normen *erga omnes* (für alle gültiges Recht) Anliegen des Menschenrechtsschutzes „in einem bislang nicht gekannten Grad vergemeinschaftet"[156]. Einzelstaatliche Souveränität genießt demnach keinen absoluten Stellenwert mehr. Im Hinblick auf die Einhaltung der Gesetze der Menschlichkeit unterliegen die Staaten relativ weitgehenden Verpflichtungen[157].

Adressaten des Völkerrechts sind primär die Staaten und nur in sekundärer Hinsicht auch Individuen, deshalb ist es nicht unproblematisch, eine Eingriffsbefugnis von nicht betroffenen Staaten, die nicht zur Verteidigung eigener Staatsangehöriger dient, aus humanitären Gründen anzunehmen.

Wer von einem grundsätzlichen Verbot der humanitären Intervention ausgeht, muß aber akzeptieren, daß bei Untätigkeit des Sicherheitsrates eine Ein-

---

[155] Definition laut Greifelds Rechtswörterbuch, 12. Aufl., München 1994.

[156] H. Endemann, Kollektive Zwangsmaßnahmen zur Durchsetzung humanitärer Normen. Ein Beitrag zum Recht der humanitären Intervention, Frankfurt/Main 1997, S. 393.

[157] Zuletzt sind diesbezüglich auf der Weltmenschenrechtskonferenz von Wien im Juni 1993 erfolgreich universelle Festlegung des internationalen Menschenrechtsschutzes. Perspektiven nach der Weltmenschenrechtskonferenz von Wien, in: Europa-Archiv (1993)23, S. 681-690.

griffsbefugnis selbst zur Verhinderung von Völkermord nicht existiert. Eine solche Auffassung räumt den friedenserhaltenden Strukturen der Vereinten Nationen absoluten Vorrang gegenüber der Verteidigung der Menschenwürde ein.

Dagegen läßt sich argumentieren, daß die kriegsverhindernde Struktur der UNO sich gar nicht in einem Spannungsverhältnis zu humanitären Interventionen befinde. Denn das Ziel der humanitären Intervention ist nicht der Krieg, sondern die Rettung von Menschenleben. Einen solchen Fall regelt die Charta der UNO aber nicht. Daher ist geboten, für diese Fälle auf das allgemeine Völkerrecht zurückzugreifen, also auf den Schutz der Menschenwürde.

Das allgemeine Völkerrecht erkennt bei sog. *„grave violations"* und *„international crimes"* an, daß bei Vorliegen eines derartigen Tatbestandes alle Staaten der Staatengemeinschaft gleichzeitig in Rechten verletzt sind. Dies wird im Völkerrecht als *„Erga-omnes-*Wirkung" bezeichnet.[158]

Ein Verstoß gegen die Völkermordkonvention ist ein *„international crime"* in diesem Sinne. Damit gilt das *erga-omnes*-Prinzip unabdingbar (*ius cogens*), und zwar allen Verpflichtungen gegenüber.

*Die Rechtsfolge des Erga-Omnes- Prinzips ist die Zulässigkeit von Sanktionen, die dann keine unzulässige Einmischung in die inneren Angelegenheiten des betroffenen Staates darstellen*[159].

Die Maßnahmen jedes drittbetroffenen Staates oder jeder Staatenorganisation sind auch dann zulässig, wenn der Sicherheitsrat nicht tätig wird[160].

### ff) Kriterien und Grenzen der humanitären Intervention

Um allerdings aus einem derartigen Trend Völkergewohnheitsrecht entstehen zu lassen, das den gewaltsamen Schutz der Menschenrechte rechtfertigt, bedarf es genau und eng gefaßter Voraussetzungen wie sie Antonio Cassese im Anschluß an den NATO-Angriff auf Jugoslawien vorgeschlagen hat[161]. Neben dem unzweideutigen Nachweis grober, weitreichender und andauernder Menschenrechtsverletzungen, die Hunderten, ja Tausenden von Opfern das Leben kosten,

---

[158] Näher hierzu: Kimminich, S. 210f.

[159] Ausf. Kriele, S. 204ff.

[160] Solchen Schluß macht z.B. Wilms, S. 230

[161] A. Cassese, Ex iniuria ius oritur:Are we moving towards international Legitimation of forcible Countermeasures in the World Community? European Yearbook of International Law, Vol. 10 No. 1. S. 23ff., 27

der Unfähigkeit des Sicherheitsrats, die Katastrophe zu stoppen, und der Er-
schöpfung aller erdenklichen nichtmilitärischen Lösungen, fordert Cassese, daß
der Zwang in keinem Fall von einer einzelnen Hegemonialmacht, sondern nur
von einer Gruppe von Staaten ausgeführt werden darf und ausschließlich auf den
Stop der Grausamkeiten und die Wiederherstellung der Achtung der Menschenrechte begrenzt bleiben muß[162].

Eine humanitäre Intervention als Eingriff militärischer Natur darf allerdings nur *ultima ratio* sein und sollte nicht dem politischen Mißbrauch den Weg
ebnen. Daher darf die Doktrin der humanitären Intervention nicht jedem Staat
einen Freibrief für jeglichen Militäreinsatz erteilen. Vielmehr müssen stets diejenigen Kriterien erfüllt sein, die auch für einen Eingriff im Rahmen der Vereinten Nationen gelten[163]:

- Zunächst müssen alle Verhandlungsmöglichkeiten ausgeschöpft worden sein;

- Es muß eine humanitäre Katastrophensituation gegeben sein (Gewaltsame Maßnahmen dürfen nur bei Völkermord und massenhafter Vertreibung durchgeführt
  werden);

- das Ausmaß dieser humanitären Katastrophe muß eine Bedrohung des internationalen Friedens darstellen;

- der Verantwortliche muß klar bestimmt werden können;

- der Grundsatz der Verhältnismäßigkeit der Mittel muß beachtet werden;

- bei Zweckerreichung sind die Maßnahmen sofort einzustellen.

In seiner vorläufigen Entscheidung in der Sache Bosnien-Herzegowina vg. Jugoslawien hat der IGH im Jahre 1996[164] sogar eine Pflicht zur Verhinderung von
Völkermord und Vertreibung stipuliert. Die Erfüllung der oben genannten Kriterien allein kann gleichwohl nicht als ausreichend für die Legitimierung eines
militärischen Eingriffs ohne UN-Mandat gegen einen souveränen Staat angesehen werden. Vielmehr müssen darüber hinaus weitere Bedingungen zur Rechtfertigung einer humanitären Intervention vorliegen. Bei der Prüfung der Ange-
messenheit der Mittel sind an militärisch-taktische Entscheidungen besonders

---

[162] Obwohl der Autor alle Voraussetzungen beim NATO-Einsatz als erfüllt ansieht, hält er
ihn dennoch für völkerrechtswidrig, da ein derartiges Gewohnheitsrecht noch nicht exi-
stiere.

[163] Vgl. SR-Res. 794 vom 03.12.1992 bzgl. Somalia, in: VN 1994, S. 153

[164] Case Concerning Application of the Convention on the Prevention and Punishment of the
Crime of Genocide (Bosnia and Herzegovina vg. Yugoslavia. Preliminary objections),
judgment of 11 July 1996

strenge Maßstäbe anzulegen. Es darf nicht einmal der Eindruck entstehen, als sollte die Unannehmbarkeit sog. „Kollateral-Schäden" dem UN-Sicherheitsrat die Zustimmung zu humanitären Interventionen versperren, damit die UNO als handlungsunfähig und den Vorrang regionaler Bündnisse als objektiv unabweisbar erscheinen lassen.

Das Europäische Parlament hat in seiner Entschließung vom 20.04.1994[165] Kriterien für humanitäre Intervention aufgestellt, von denen insbesondere die folgenden hervorzuheben sind:

- es muß feststehen, daß der UN-Apparat nicht in der Lage ist, rechtzeitig wirksam zu reagieren;

- die Interventionsmacht darf kein besonderes Eigeninteresse an der Situation besitzen, so daß der Schutz der Menschenrechte das Hauptziel ist und keine politischen oder wirtschaftlichen Gründe mitspielen;

- die Intervention muß auf spezifische Ziele begrenzt sein und darf allenfalls geringfügige politische Auswirkungen auf die Autorität des Objektstaates haben und

- alle anderen Lösungsversuche, soweit sie möglich und vernünftig sind, sind ausgeschöpft und erfolglos geblieben.

Der Konflikt um den Kosovo führt der europäischen Öffentlichkeit vor Augen, daß das bestehende humanitäre Völkerrecht der Zivilbevölkerung lediglich einen Minimalschutz bietet[166], der unerträgliche Belastung sowohl bei den Vertriebenen als auch bei der Bevölkerung der Anrainerstaaten nicht verhindern kann. Außerdem führen die vorhersehbaren wirtschaftlichen und sozialen Schäden im Objektstaat und in den Anrainerstaaten zu erheblichen Spannungen und Einbrüchen, die das politische Gefüge der Region destabilisieren können. Daher wäre zu prüfen, ob über die oben genannten Kriterien hinaus weitere Voraussetzungen wie:

- Schutz und Interessen der Zivilbevölkerung müssen über das bestehende humanitäre Völkerrecht hinaus durch ein international abgesichertes Konzept gewahrt werden;

- ein international vereinbartes Konzept für die Überwindung der durch die militärische Intervention entstandenen Schäden

in die Betrachtung miteinzubeziehen sind.

---

[165] Europäische Parlament, Entschließung vom 20.04.1994 ABl. C128, S. 225 vom 20.05.1994

[166] Vgl. Lange, S. 316

gg) Zwischenergebnis

1. Selbst einzelne Menschen können dem Rechtsschutz des Völkerrechts unterliegen.

2. Das Recht zur eigenen Selbstverteidigung (Notwehr) existiert als ein allen Rechtsordnungen innewohnender Grundsatz (*General Principle of Law*). Die humanitäre Intervention ist Nothilfe in diesem Sinn.

3. Ist ein Rechtsträger nicht in der Lage, sein Notwehrrecht auszuüben, so kann jedes völkerrechtliche Rechtssubjekt Nothilfe leisten.

4. Die humanitäre Intervention des nordatlantischen Verteidigungsbündnisses ist daher bereits auf der Ebene des positiv geltenden Völkerrechts rechtmäßig.

5. Das Prinzip von Notwehr und Nothilfe würde allerdings auch dann gelten, wenn es die Charta der Vereinten Nationen nicht gäbe und ein positives Völkerrecht nicht existierte, denn das Rechtsprinzip der Nothilfe ist ein fundamentaler Rechtsgrundsatz, der unmittelbar jedem Menschen kraft seiner menschlichen Würde und Freiheit zukommt. Für die Begründung dieses Rechtsgrundsatzes bedürfte es eines Rückgriffs auf das Völkerrecht überhaupt nicht.

Aufgrund des Veto-Rechts jedes der fünf ständigen Mitglieder im UN-Sicherheitsrat ist dieses Gremium im Bereich des Menschenrechtsschutzes nahezu handlungsunfähig. Daher entstehen häufig humanitäre Konfliktsituationen, in denen die UNO nicht handelt und andere Akteure sich nicht berechtigt sehen, außerhalb eines entsprechenden UN-Mandats zu handeln, oder auch schlicht nicht über die entsprechenden Mittel verfügen. Eine möglicherweise effektivere humanitäre Intervention „auf regionaler Ebene" hat sich bisher noch nicht etablieren können. Eine Entschließung des Europäischen Parlaments vom 20.04.1994, in der man sich für Handlungsmöglichkeiten außerhalb der Vereinten Nationen aussprach, zielt in diese Richtung. In dieser Entschließung sprach das Europäische Parlament sich dafür aus, im Falle einer ernsthaften humanitären Notsituation nach Scheitern aller anderen Lösungsversuche und bei Nicht-Handeln des UN-Apparates, eine humanitäre Intervention zuzulassen.

Als Fazit für die befürwortende Auffassung kann man folgendes ableiten:

Alleine die Erhaltung des äußeren Friedens ist sinnlos ohne eine minimale Gewährleistung der Menschenrechte. Es ist dringend geboten, sich auf die ursprünglichen Gründungsziele der Vereinten Nationen zurückzubesinnen. Diese sind – aus den Erfahrungen des Zweiten Weltkrieges heraus – Friedenserhaltung und Menschenrechtsschutz gewesen. Aus der verfehlten Einschätzung, Friedenssicherung würde auch Menschenrechtsschutz nach sich ziehen, ist eine Vernachlässigung des Menschenrechtsschutzes entstanden. Die Vereinten Nationen befinden sich, wie das Kriegsverbrechertribunal zeigt, insoweit in einer Umbruchsphase. Der Kosovo-Einsatz war daher nicht nur rechtmäßig, sondern auch rechtspolitisch geboten, um die Entwicklung der Verwirklichung der Menschen voranzubringen.

Zum Schluß die Worte des WFM (World Federalist Movement) – Präsidenten Sir Peter Ustinov: „Massaker im Kosovo zeigt, daß wir dringend eine neue Weltordnung auf Basis einer reformierten und gestärkten UNO benötigen". Und weiter WFM-Beiratsmitglied und Präsident der Gesellschaft für bedrohte Völker, Tilma Zülch: „Die internationale Normen der Staaten- Souveränität und der Nicht-Einmischung sind nach den in der AEMR von 1947 niedergelegten Maßstäben auszurichten. Der Krieg im Kosovo und die Ermangelung eines klaren Mandats der internationalen Staatengemeinschaft macht die seit Jahren verschleppte strukturelle Reform der UNO dringlicher denn je. Subjekt des Völkerrechts haben nicht sog. souveräne Staaten zu sein, sondern die Menschen selbst. Es kann nicht hingenommen werden, daß ein Staat mit der Berufung auf seine Souveränität Minderheiten brutal unterdrückt und ermordet. In der UN-Charta muß das Gebot der Menschenrechte über das der nationalen Souveränität gestellt werden". „Daß die Wahrung des Weltfriedens und der internationalen Sicherheit weiterhin ausgerechnet in die Hände solcher Staaten wie Rußland und China gelegt werden soll, ist unbegreiflich. Ohne die Abschaffung des Vetorechts im Sicherheitsrat wird sich weder Friede noch Sicherheit entwickeln können"[167], kritisierte Zülch die Weigerung dieser Länder, eine militärische Intervention auf dem Balkan zu sanktionieren[168].

---

[167] Zu bemerken: Ich bin im ganzen mit diesem Vorschlag nicht einverstanden. Dieser Ausdruck ist in diese Arbeit hineingestellt, um die verschiedene Meinungen zu zeigen, die die Rechtsgrundlage für den NATO-Einsatz zu finden versuchen.

[168] Siehe im Internet: http://www.bfg-vk.de/krieg/k001.htm

## b) Die ablehnende Auffassung: Keine Rechtsgrundlage nach dem Völkerrecht

*„Statt Völkerrecht gilt das Faustrecht."*

Es hat also eine Reihe von juristischen Rechtfertigungsversuchen gegeben, die eher durch die Prominenz ihrer Autoren als durch die Stringenz ihrer rechtlichen Argumentation beeindruckten[169]. So beriefen sich der ehemalige Präsident des BVerfG und Bundespräsident Herzog sowie der Berliner Justizsenator Körting auf ein „Nothilferecht", ein „übergesetzliches Notrecht"[170]. Das sind aus dem nationalen Strafrecht bekannte Klauseln, die in den Beziehungen zwischen den Staaten spätestens seit Geltung der UN-Charta und ihres Verbots der Intervention und Repressalie[171] ihre Gültigkeit verloren haben.

Der weitaus häufigste Versuch, die Aggression der NATO[172] zu rechtfertigen, bedient sich jedoch einer altbekannten und umstrittenen Figur, der „humanitären Intervention". Die Versuche sind nicht neu, sie als dritte Ausnahme vom zwingenden Gewaltverbot des Art. 2 Ziff. 4 UN-Charta als Völkergewohnheitsrecht durchzusetzen. Sie knüpfen an die unbestreitbare Tatsache an, daß die Menschenrechte im Bewußtsein aller Gesellschaften und Staaten eine immer größere Akzeptanz und Bedeutung erlangt haben. Diese Entwicklung spiegelt sich zwar in zahlreichen Konventionen, der Anrufung der Menschenrechte bei fast jeder Gelegenheit in der Außenpolitik und einer unübersehbaren Flut der literarischen Produktion über die Menschenrechte wieder, nicht aber in einer durchgehend verbesserten Bilanz ihrer Garantie. Der Schutz der Menschenrechte läßt weltweit stark zu wünschen übrig und dieses Defizit wird vornehmlich dem Mangel an Instrumenten zur Durchsetzung und Sanktion angelastet.

---

[169] Vgl. Paech, S. 83

[170] Körting, S. 7. Ferner Wilms.

[171] Vgl. Ipsen, S. 459

[172] Die UN-Generalversammlung hat in ihrer Res. 3314 (XXIX) vom 14.12.1974 folgende Definition der Aggression einstimmig angenommen: „Aggression ist bewaffnete Gewalt, die ein Staat gegen die Souveränität, territoriale Integrität oder politische Unabhängigkeit eines anderen Staates anwendet oder die in irgendeiner anderen Weise mit der Charta der Vereinten Nationen unvereinbar ist, wie in dieser Definition festgelegt wird". Angesichts des ungewissen Status Jugoslawiens in der UNO ist der Zusatz in Art. 1 wichtig: „In dieser Definition wird der Ausdruck „Staat" a) verwendet, ohne die Frage der Anerkennung zu berühren und ungeachtet dessen, ob ein Staat Mitglied der UNO ist oder nicht..."

Und aus der Tabelle, die oben dargestellt wurde, kann man Schluß ziehen, daß die NATO-Aktion keinen Erfolg hatte: Die Fluchtbewegungen der Kosovo-Albaner wurden entgegen der Absicht der Allianz nicht eingedämmt, sondern im Gegenteil: sie vervielfachten sich mit dem Beginn der Bombardements in dramatischer Weise[173]. In der Literatur spricht man über den westlichen Krieg ohne humanitären Erfolg: Die Zahl der Flüchtlinge[174] stieg mit dem Einsetzen der Luftschläge[175] um mehr als das Achtfache, also von rund 100.000 auf über 800.000 Menschen: Die NATO-Operation beschleunigte also die Eskalationsspirale von Krieg, Flucht und Vertreibung. Diese Feststellung entlastet die serbischen Hauptschuldigen nicht, die NATO muß sich allerdings die Frage gefallen lassen, ob es nicht angemessenere Instrumente „humanitärer Intervention" gibt, als ein 79-tätiges Dauerbombardement. Die starke Zerstörung der industriellen und infrastrukturellen Basis der jugoslawischen Wirtschaft macht der jugoslawische Bürgerinnen und Bürger unmöglich, elementare soziale und wirtschaftliche Rechte in Anspruch zu nehmen[176]. Der Ressortchef Außenpolitik der „Süddeutsche Zeitung", Josef Joffe, stellte zwei Wochen nach Beginn der NATO-Operationen fest: „Heute ... könnte man unterstellen, daß das Bündnis ... zumindest ausgelöst hat, was es zu verhindern suchte: Massenmord und –vertreibung"[177].

Bezüglich des Abkommens zwischen der NATO und BRJ kann man schließlich folgendes sagen: In Art. 52 der Wiener Konvention über Vertragsrecht, unterzeichnet am 23. Mai 1969 und in Kraft getreten am 27. Januar 1980, heißt es: „Ein Vertrag ist hinfällig, wenn seine Unterzeichnung durch die Androhung oder Verwendung von Gewalt unter Verletzung der Prinzipien internationalen Rechts, verkörpert in der Charta der Vereinten Nationen, erzwungen wird".

aa) Keine Rechtsgrundlage nach dem Völkervertragsrecht

1. Es liegt nahe, den Kosovo-Konflikt auf eine Stufe mit den Nationalitätskonflikten im ehemaligen Jugoslawien zu stellen. Und doch besteht da ein funda-

---

[173] Näher dazu Kalman, S. 125ff.

[174] Hier definiert als diejenigen, welche die Grenzen des Kosovo überquerten.

[175] Siehe Tabelle oben.

[176] Das ist Folge davon, was die NATO Menschenrechtsverletzungen verhindern wollte. Vgl. Kaltman, S. 141

[177] Verdoppelte Bringschuld, in: Süddeutsche Zeitung vom 06.04.1999, S. 4

mentaler Unterschied: Die im Zuge des Endes des Ost-West-Konflikts nach Unabhängigkeit strebenden Kroaten, Slowenen, Bosniaken und Makedonier hatten
im früheren jugoslawischen Staatsverband[178] den Status von selbtsverwalteten
Teilrepubliken. Der Kosovo hatte einen ganz anderen Status: Er ist keine Republik, sondern lediglich ein Landesteil Serbiens[179]. Der Kosovo besaß lediglich
Autonomierechte innerhalb Serbiens, die 1989 entzogen wurden. Aus völkerrechtlicher Sicht wäre das Streben der Kosovo-Albaner nach staatlicher Unabhängigkeit also eine illegitime Sezession (d.h. ohne die Zustimmung Serbiens
gar nicht möglich)[180].

Die Charta der Vereinten Nationen enthält hierzu einschlägige und eindeutige
Bestimmungen:

- Art. 2, Ziff. 1: „Die Organisation beruht auf dem Grundsatz der souveränen
  Gleichheit aller ihrer Mitglieder".

- Art. 2, Ziff. 4: „Alle Mitglieder unterlassen in ihren internationalen Beziehungen
  jede gegen die territoriale Unversehrtheit oder die politische Unabhängigkeit eines
  Staates gerichtete oder sonst mit den Zielen der Vereinten Nationen unvereinbare
  Androhung oder Anwendung von Gewalt".

- Art. 2, Ziff. 7: „Aus dieser Charta kann eine Befugnis der Vereinten Nationen zum
  Eingreifen in Angelegenheiten, die ihrem Wesen nach zur inneren Zuständigkeit
  eines Staates gehören, oder eine Verpflichtung der Mitglieder, solche Angelegenheiten einer Regelung auf Grund dieser Charta zu unterwerfen, nicht abgeleitet
  werden; die Anwendung von Zwangsmaßnahmen nach Kapitel VII wird durch diesen Grundsatz nicht berührt".

Daraus ergeben sich zwei Schlußfolgerungen:

- (Rest)Jugoslawien ist ein souveräner Staat, der die gleichen Rechte wie jeder andere Staat besitzt und somit auch „gleich" behandelt werden muss.

- Zum Wesen eines Staates gehören vor allem seine „territoriale Unversehrtheit"
  und „politische Unabhängigkeit". Dies schließt Sezessionen oder Gebietsverände-
  rungen gegen den Willen dieses Staates kategorisch aus.

2. Wie schon oben geschrieben wurde, das Völkerrecht ist ein lückenhaftes
Rechtsgebiet, was auch bezüglich der humanitären Intervention angeht. In der
Völkerrechtslehre gibt es deshalb verschiedene Richtungen. Eine davon meint,
aus dem Wortlaut der UN-Charta könne man überhaupt kein solches Recht auf

---

[178] Eine föderalistische Bundesrepublik

[179] Serbien ist eine eigenständige Republik innerhalb der BRJ.

[180] Vgl. Friedensmemorandum 1999

humanitäre Intervention finden: Was aber, wenn Staaten permanent Menschenrechte verletzen oder gegen andere Grundsätze der Charta der Vereinten Nationen verstoßen? Die *„Achtung vor den Menschenrechten und Grundfreiheiten für alle ohne Unterschied der Rasse, des Geschlechts, der Sprache oder der Religion"* ist den Staaten ja nach Art. 1 Ziff. 3 UN-Charta als Verpflichtung aufgegeben. Für solch einen Fall sei als äußerste Sanktionsmöglichkeit der Ausschluß eines Staates aus den Vereinten Nationen vorgesehen (Art. 6: *„Ein Mitglied der Vereinten Nationen, das die Grundsätze dieser Charta beharrlich verletzt, kann auf Empfehlung des Sicherheitsrates durch die Generalversammlung aus der Organisation ausgeschlossen werden"*). „Zwangsmaßnahmen" nach Kapitel VII UN-Charta seien in diesem Fall allerdings nicht möglich[181]. Und weiter: Menschenrechtsverletzungen – welcher Art auch immer – begründen keine militärischen Zwangsmaßnahmen der Vereinten Nationen (oder irgendwelcher anderer Organisation im Auftrag der UNO).

Wann aber sind „Zwangsmaßnahmen nach Kap. VII" überhaupt möglich? Die Antwort lautet eindeutig: Nur bei Vorliegen einer Bedrohung oder eines Bruchs des Friedens sowie bei Angriffshandlungen. In Art. 39 heißt es dazu: *„Der Sicherheitsrat stellt fest, ob eine Bedrohung oder ein Bruch des Friedens oder eine Angriffshandlung vorliegt; er gibt Empfehlungen ab oder beschließt, welche Maßnahmen auf Grund der Art. 41 und 42 zu treffen sind, um den Weltfrieden und die internationale Sicherheit zu wahren oder wiederherzustellen"* (Art. 41 befaßt sich mit nicht-militärischen Sanktionsmaßnahmen, Art. 42 mit militärischen Maßnahmen). Daraus folgt: Die Vereinten Nationen können Zwangsmaßnahmen nach Kap. VII UN-Charta nur ergreifen, wenn festgestellt wurde, daß ein Staat durch seine Handlungen den (internationalen) Frieden bedroht oder bricht bzw. andere Staaten angreift. Im Fall der Auseinandersetzungen im Kosovo sei dieser Tatbestand eindeutig nicht gegeben. Sollte der UN-Sicherheitsrat Maßnahmen nach Kap. VII beschließen (ohne daß Rußland ein Veto einlegt), verstieße dies gegen die UN-Charta.

---

[181] Das ist nur eine Meinung des Friedensmemorandums 1999. Diese Ansicht ist zweifelhaft, weil es unglaublich ist, daß die Vereinten Nationen im Falle der schweren Menschenrechtsverletzungen nichts machen können, außer diesen Staat aus der Mitgliedschaft auszuschließen. Im Falle der Ausschließung aus der UNO wird der Staat weitermachen, Menschenrechte zu verletzen. Die Frage ist ganz anders: Eingriff ohne UN-Mandat. Die Vertreter dieser Meinung behaupten, daß es überhaupt kein Recht auf Intervention gibt, egal ob mit oder ohne UN-Mandat.

Den Vereinten Nationen bleiben also Maßnahmen nach Kap. VI der Charta, das sind Maßnahmen der „friedlicher Beilegung" von Streitigkeiten. Nach derselben Meinung sei auch die Anwendung dieser Maßnahmen im Fall des Kosovo rechtlich fraglich, da hier immer von internationalen Streitigkeiten ausgegangen wird, die zudem „die Wahrung des Weltfriedens und der internationalen Sicherheit" gefährden könnten (Art. 33 Ziff. 1)[182].

Die Intervention finde im Völkervertragsrecht also keine Rechtsgrundlage.

Diese absolute Ablehnung der humanitären Intervention kann nicht meines Erachtens aber heutiger politischer Situation in der Staatengemeinschaft anpassen. Überall, wo es die Krisen und als Folge deren die schwere Menschenrechtsverletzungen gibt, dürfen wir nicht einfach zusehen, ohne etwas zu unternehmen. In solchen Fällen, wenn alle politische (präventive) Mittel ausgeschöpft sind, kann man schon daran denken, militärisch einzugreifen. Aber die Entscheidung darüber liegt nur in Händen des UN-Sicherheitsrates (wie in Somalia der Fall war). Im Falle des Kosovo-Einsatzes der NATO ist die Situation ganz anders (kein Mandat des UN-Sicherheitsrates):

3. Die Unvereinbarkeit der einzelstaatlichen militärischen „humanitären Intervention" (ohne Mandat des UN-Sicherheitsrates) mit der UN-Charta und damit ihre Völkerrechtswidrigkeit ergeben sich bereits aus dem eindeutigen Wortlaut („*ordinary meaning*")[183] der UN-Charta. Der Gebrauch von Waffengewalt ist nach der UN-Charta nur unter bestimmten Voraussetzungen rechtmäßig: einerseits im Falle der Selbstverteidigung (Art. 51 UN-Charta) oder auch der kollektiven Selbstverteidigung (bei Zuhilfeeilen zugunsten eines angegriffenen Staates, wie z.B. im Golfkrieg), anderseits im Falle einer Bedrohung oder eines Bruchs des internationalen Friedens bzw. der internationalen Sicherheit, der zunächst durch den UN-Sicherheitsrat gem. Art. 39 UN-Charta festgestellt werden muß. Beide Ausnahmen liegen jedoch im Kosovo nicht vor. Voraussetzung für den Militäreinsatz ist nach der Feststellung der internationalen Friedensbedrohung darüber hinaus ein ausdrückliches Mandat des Sicherheitsrates gem. Art. 42 UN-Charta, wenn andere Maßnahmen nach Art. 41 UN-Charta erfolglos geblieben sind. Nach Art. 49 UN-Charta leisten die Mitglieder der Vereinten Na-

---

[182] Also eine absolut pazifistische Meinung, die überhaupt die Anwendung von Gewalt sowohl von Seite der Staaten als auch der Vereinten Nationen absagt.

[183] Vgl. Art. 3 II der Wiener Vertragsrechtskonvention (WVK).

tionen bei der Durchführung der vom Sicherheitsrat beschlossenen Maßnahmen „einander gemeinsam handelnd Beistand". Gemäß Art. 43 Abs. 1 UN-Charta verpflichten sich alle Mitglieder der Vereinten Nationen, „zur Wahrung des Weltfriedens und der internationalen Sicherheit dadurch beizutragen, daß sie nach Maßgabe eines oder mehreren Sonderabkommen dem Sicherheitsrat auf sein Ersuchen Streitkräfte zur Verfügung stellen...". Die Pläne für die Anwendung von Waffengewalt werden nach Art. 46 UN-Charta „vom Sicherheitsrat mit Unterstützung des Generalstabsausschusses aufgestellt". Gemäß Art. 47 Abs. 3 UN-Charta ist der Generalstabsausschuß ferner „unter der Autorität des Sicherheitsrates für die strategische Leitung aller dem Sicherheitsrat zur Verfügung gestellten Streitkräfte verantwortlich".

Folgen die Aufstellung der Streitkräfte und deren Einsatz diesen Normen der UN-Charta, so kann von einem Krieg gesprochen werden, der im Namen, in Verantwortung und unter Kontrolle der Vereinten Nationen geführt wird.

Vergleichbare Beschlüsse des UN-Sicherheitsrates gibt es jedoch zum Kosovo-Konflikt nicht. Zwar hat der Sicherheitsrat in den Resolutionen 1160 vom 31.03.1998 und 1199 vom 23.09.1998 festgestellt, daß die Lage im Kosovo eine Bedrohung des Friedens und der Sicherheit in der Region darstellt. Damit hat es das Vorliegen der tatbestandlichen Voraussetzungen von Art. 39 UN-Charta als erfüllt angesehen, wodurch ihm die Kompetenz zuwächst, Zwangsmaßnahmen auf der Grundlage von Kapitel VII UN-Charta zu erlassen. In beiden Resolutionen gebraucht der UN-Sicherheitsrat deshalb auch die Formel „acting under Chapter VII of the United Nations Charter".

Nachfolgend werden jedoch keine militärischen Zwangsmaßnahmen gem. Art. 42 UN-Charta angeordnet, vielmehr werden die Streitparteien lediglich gem. Art. 40 UN-Charta verbindlich zur Streitbeilegung und zur Kooperation mit Beobachtermissionen der OSZE und der NATO aufgefordert. Der Erlaß militärischer Zwangsmaßnahmen scheitert am ausdrücklich entgegenstehenden Willen der Russischen Föderation und der Volksrepublik China[184]. Was aber, wenn der Sicherheitsrat blockiert wird? Was, wenn ein Sicherheitsratsmitglied sein Veto einlegt oder damit droht? In der UNO-Realität geschieht dies übrigens in der Mehrzahl der Fälle nicht etwa durch Rußland oder China, sondern eben auch durch die USA.

---

[184] Vgl. Fink, S. 1019

Die in der NATO vereinigten Mitgliedstaaten haben aber nach der UN-Charta auch dann nicht das Recht, an Stelle des Sicherheitsrates solche Zwangsmaßnahmen durchzuführen, wenn der Sicherheitsrat selbst die tatbestandlichen Voraussetzungen dafür feststellt. Für die NATO als regionale Sicherheitsorganisation nach Art. 52 UN-Charta ist das Verbot der Inanspruchnahme einer erweiterten Zuständigkeit, um die volle Durchsetzung der Menschenrechte zu erzwingen, ausdrücklich in Art. 53 Abs. 1 Satz 2 UN-Charta festgelegt: „Ohne Ermächtigung des Sicherheitsrates dürfen Zwangsmaßnahmen aufgrund regionaler Abmachungen oder seitens regionaler Einrichtungen nicht ergriffen werden". Kapitel VII UN-Charta enthält ein abgestuftes Sanktionssystem, dessen Anwendung unter dem Vorbehalt des Grundsatzes der Verhältnismäßigkeit steht. Die Entscheidung über die Anwendung militärischer Gewalt, die in diesem System die *ultima ratio* darstellt, kann nur der Sicherheitsrat selbst treffen und diese Entscheidung muß im Interesse der Rechtssicherheit eindeutig sein[185]. Zwar können die Staaten auch an Stelle des Sicherheitsrates militärisch tätig werden. In der Form der Durchführung von Sanktionen ist dies gem. Art. 106 UN-Charta jedoch nur dann möglich, wenn die fünf ständigen Mitglieder des Sicherheitsrates hierüber Einvernehmen erzielen[186]. An diesem Einvernehmen fehlt es aber gerade im Kosovo-Konflikt.

Ist ein Beschluß des Sicherheitsrates – aus welchen Gründen auch immer – nicht möglich oder nicht zu erwarten, so könnte unter den Gesichtspunkten sowohl der weltinnenpolitischen Legitimation als auch der kollektiven Sicherheit an die Stelle des Rates die Generalversammlung der Vereinten Nationen treten. Im konkreten Fall des Kosovo und unter dem Aspekt europäischer Sicherheit wäre als Mandatgeber eventuell auch noch die OSZE denkbar. Sie umfaßt nicht nur 54 bzw. 55 Staaten Europas, Eurasiens und Nordamerikas, sondern kommt auch nach Aufgabendefinition, Struktur und Mechanismen einem regionalen System Kollektiver Sicherheit am nähesten. Ansätze für solche und ähnliche Überlegungen finden sich übrigens auch in dem auch in Politik und Wissenschaft vertretenen Ruf „OSZE first".

---

[185] Die ausschließliche Zuständigkeit des Sicherheitsrates zur Verhängung militärischer Zwangsmaßnahmen ist im Verhältnis des Sicherheitsrates zur Generalversammlung auch vom IGH in einem Gutachten aus dem Jahr 1962 bestätigt worden: ICJ-Reports 1962, 151 (165), vgl. dazu auch Fink, Kollektive Friedenssicherung, 1999, S. 238f.

[186] Vgl. Zuck, S. 226

Je weniger Mitglieds- oder Teilnehmerstaaten eine Organisation dagegen besitzt und je spezieller ihre Aufgabenstellung ist, desto weniger kann von jenem Höchstmaß an Legitimation ausgegangen werden, das für die Entscheidung zu Krieg als *ultima ratio* unabdingbar ist. Konkret: Bei einer Spezialorganisation wie einem Militärpakt mit überdies lediglich 16 bzw. 19 Mitgliedstaaten kann von diesem Höchstmaß an Legitimation kaum gesprochen werden.

4. Wie schon ausgeführt, verpflichtet das gegenwärtige Völkerrecht die Staaten, bestimmte grundlegende Menschenrechte zu achten (u.a. Art. 1, Ziff. 3 UN-Charta). Einen bedeutenden Fortschritt im Sinne einer diesbezüglichen „Weltinnenpolitik" stellt dar, daß die Weltgemeinschaft dem UN-Sicherheitsrat das Recht eingeräumt hat, schwerwiegende und massenhafte Menschenrechtsverletzungen als Friedensgefährdung zu ahnden. Festzustellen, daß es sich bei einem solchen Verhalten eines Staates um eine Friedensgefährdung, einen Friedensbruch oder eine militärische Aggression handelt, obliegt nur dem Sicherheitsrat. Aus gutem Grund gilt dies insbesondere für innerstaatliche Auseinandersetzungen bzw. Menschenrechtsverletzungen: Wenn jedes Mitglied der Staatengemeinschaft berechtigt wäre, festzustellen, ob oder daß sich bei einem Konflikt *innerhalb* eines anderen Staates um eine Friedensgefährdung, einen Friedensbruch oder eine militärische Aggression handelt, und aufgrund dieser Feststellung (mit dem Hinweis auf humanitäre Beweggründe) Sanktionen bis zu militärischen Maßnahmen zu ergreifen das Recht hätte, dann würde in den internationalen Beziehungen rechtlich wieder jeder Zustand der Anarchie herrschen, wie er bis zu Beginn dieses Jahrhunderts gegeben war. In der Konsequenz würde eine generelle Berechtigung zur „humanitären Intervention" nichts anderes bedeuten als die Rückkehr zum Recht der Staaten auf Krieg.

Der Wandel im Bewußtsein der Weltöffentlichkeit und eine entsprechende *opinio juris* der Mitglieder der Staatengemeinschaft dahingehend, daß humanitäre Katastrophenlagen den Tatbestand der „Friedensbedrohung" erfüllen, mag zu erweiterten Zwangsbefugnissen des Sicherheitsrates führen; neue Befugnisse für einzelne Staaten oder auch Staatenkoalitionen ergeben sich daraus nicht.

5. Im Falle Jugoslawiens ist der Regierung in Belgrad *vor Beginn der NATO-Luftangriffe* nicht der Vorwurf gemacht worden, im Kosovo Völkermord zu begehen (ausgenommen die parteiischen Stellungnahmen, wie sie der albanische Ministerpräsident im Frühjahr 1998 abgegeben hat). Vor diesem Zeitpunkt ist die Politik Belgrads im Kosovo als „Repression", „Apartheid", „Diskriminierung" oder als „Menschenrechtsverletzung" eingestuft worden, also in Begriffen

beschrieben worden, die meilenweit von einem „Völkermord", wie ihn die Genozid- Konvention von 1948 definiert, entfernt sind. Im deutschen Recht kann man auch widerspruchsvolle Argumentation beobachten : So der 13. Senat des Oberverwaltungsgerichts (OVG) Münster stellte noch am 11. März 1999, also knapp zwei Wochen vor Beginn der NATO-Operation „Allied Force" im Rahmen eines asylrechtlichen Verfahrens fest, daß es keine planmäßige Vertreibung und Gruppenverfolgung des albanischstämmigen Bevölkerungsteil im Kosovo gebe und berief sich dabei auf Auskünfte des Auswärtigen Amtes[187] der BRD. Die Motive für das Durchgreifen der Staatsmacht gegen bestimmte Personen lägen vielmehr woanders: „Es wird in vielen Erkenntnisquellen deutlich, daß der serbische Staat von den Albanern des Kosovo die Anerkennung der Staatsmacht der Republik Serbien und die Erfüllung der staatsbürgerlichen Pflichten ebenso verlangt wie von Angehörigen anderer Volksgruppen"[188].

Brutale Einzelaktionen und lokal begrenzte Grausamkeiten, die sich die jugoslawische Armeeverbände und paramilitärische Einheiten zurechnen lassen müssen, erfüllen nicht den Tatbestand einer systematischen und unterschiedslos gegen alle Kosovo-Albaner gerichteten und von Belgrad gesteuerten Verfolgung, sondern waren „Kriegsverbrechen" im Sinne der IV. Genfer Konvention zum Schutze der Zivilbevölkerung (1949) und des 1. Zusatzprotokols von 1977. Als „Kriegsverbrechen" sind solche Formen von Menschenrechtsverletzungen durch die Gerichte der Vertragsstaaten, in denen sie vorgefallen sind, zu ahnden. Im Falle Jugoslawiens ist seit 1991 eine zusätzliche Kontrollinstanz in der Eirichtung des Internationalen Strafgerichtshofes zur Verfolgung von Verletzungen des humanitären Völkerrechts im ehemaligen Jugoslawien geschaffen worden (UN-Sicherheitsratsresolution 827). Damit ist der Menschenrechtsschutz im Falle Jugoslawiens und seiner Politik gegenüber nationalen Minderheiten mit Instrumenten höherer Durchsetzungswirkung ausgestaltet als in jedem anderen Staat mit ethnischen Konfliktpotentialen (ausgenommen Ruanda, für das der UN-Sicherheitsrat gleichfalls einen Internationalen Strafgerichtshof eingerichtet hat).

---

[187] Aus den Auskünften deutsches Auswärtigen Amtes kann aber gleichzeitig festgestellt werden, daß die Vertreibungen doch stattfanden. Nach der Meinung des Vorsitzenders der Deutsch-Albanischen Freundschaftsgesellschaft, Bodo Gudjons, das sei ein inneres Skandal Deutschlands. Zitiere aus dem persönlichen Gespräch.

[188] OVG für das Land Nordrhein-westfallen (OVGNW), Urteil vom 11.03.1999 – (AZ:)13 A 3894/94. A. Ähnliche Einschätzungen wurden auch in Urteilen anderer deutscher Gerichte im ersten Quartal 1999 getroffen.

6. Gelegentlich wird die These von der Zulässigkeit der NATO-Luftangriffe auch mit der Resolution des UN-Sicherheitsrates 1199 vom 23. September 1998 begründet, in der die serbischen Sicherheitskräfte und die jugoslawische Armee der exzessiven und wahllosen Gewaltanwendung gegen die albanische Bevölkerung beschuldigt wurde. Ein solcher Verweis auf die Resolution des UN-Sicherheitsrates wirkt jedoch nicht überzeugend, wenn nicht zugleich daran erinnert wird, daß in diesen Resolutionen auch die terroristischen Aktivitäten der Kosovo-Albaner (Gruppen und Einzelpersonen) verurteilt und alle Staaten ersucht werden, die Verwendung von Geldsammlungen für den Waffenschmuggel zu unterbinden. Das Verbot des Waffenexports nach Jugoslawien hat der UN-Sicherheitsrat schon in seiner Resolution 1160 vom 31.März 1998 allen Staaten zur Pflicht gemacht und in seiner September-Resolution 1199 wiederholt. Dort hat er „den Verkauf und die Lieferung von Rüstungsgütern und sonstigem Wehrmaterial jeder Art, einschließlich Waffen und Munition, militärische Fahrzeuge und Ausrüstung" nicht nur an die Belgrader Regierung, sondern an die „Bundesrepublik Jugoslawien, einschließlich des Kosovo" verboten und in dieses Verbot ausdrücklich „die Bereitstellung von Waffen und Ausbildung für terroristische Tätigkeiten in diesem Gebiet" einbezogen.

Für die Frage der Zulässigkeit der NATO-Luftangriffe unter dem Völkerrecht ist die Ermittlung des den Luftangriffen zugrundeliegenden Sachverhalts eine unabdingbare Voraussetzung, wenn Menschenrechtsverletzungen bei den Konfliktparteien, den jugoslawischen Streitkräften und ihren Hilfstruppen ebenso wie der UCK und den ihrer Kontrolle unterstehenden bewaffneten Kräften angelastet werden. Die NATO hat ihr Vorgehen nur mit den Menschenrechtsverletzungen einer Seite begründet. Im Kosovo zeigen Menschenrechtsverletzungen, für die jugoslawische Staatsorgane verantwortlich sind, nur eine Seite des Problems. Die andere wird bestimmt durch den unverhüllten Separatismus radikaler Splittergruppen unter den Albanern, die vor Mord und Terror nicht zurückschrecken. Diese Konstellation kann für die Frage, ob die NATO im Kosovo von einer Situation der systematischen Verfolgung der albanischen Minderheit ausgehen durfte als sie am 24. März 1999 mit Luftangriffen gegen Jugoslawien begann, nicht ignoriert werden.

Das bestehende Völkervertragsrecht bietet also keine Rechtsgrundlage für den militärischen Einsatz gegen Jugoslawien.

### bb) Keine Rechtsgrundlage nach dem Völkergewohnheitsrecht

1. Die Staatenpraxis spricht *gegen einen Rechtswandel* in der Frage der *gewaltsamen Durchsetzung* der Menschenrechte. Weder in Tibet, noch in Tschetschenien, noch in Osttimor, Sierra Leone, Uganda haben einzelne Staaten, Allianzen oder regionale Sicherheitsorganisationen gewaltsam zum Schutz der Menschenrechte eingegriffen. Auch in Europa (Bosnien) hat die NATO keinen Anlaß gesehen, sich mit einseitigen, nicht von der UNO autorisierten Zwangsmaßnahmen in interne Konflikte zum Schutz der Menschenrechte einzumischen. Das Kurdenproblem des NATO-Partners Türkei wird seit langem menschenrechtlichen Kategorien als Problem gesehen, ohne daß die NATO einen Grund zum Eingreifen mit Waffengewalt sieht. In allen diesen und vielen weiteren internen Konflikten erkennt die Staatengemeinschaft zwar Handlungsbedarf, scheut sich aber davor, den Menschenrechtsschutz unter Gewaltanwendung, d.h. unter Verletzung der Souveränität eines anderen Staates, durchzusetzen.

2. Die UN-Charta verkündet selbst keinen Paradigmawechsel im Völkerrecht. Sie stuft das Gewaltverbot unübersehbar über dem Menschenrechtsschutz ein. Als Prinzip und Zielvorstellung der Vereinten Nationen genießen die Menschenrechte Achtung, jedoch nicht im selben Maße den Schutz, wie er dem Prinzip der territorialen Integrität der Staaten und der Unverletzlichkeit ihrer Grenzen zuteilt wird (Art. 51). Keine noch so großzügige und menschenrechtsorientierte Auslegung der UN-Charta kommt am klaren Wortlaut der Charta-Bestimmungen vorbei. Selbst die schlimmste Form der Menschenrechtsverletzung, der Völkermord, erlaubt keine einseitigen, von der UNO nicht autorisierten Gewaltmaßnahmen.

Die Verteidiger der NATO-Luftangriffe weichen dem Problem aus, wenn sie jeden Staat für verpflichtet halten, die Menschenrechte zu beachten. In dieser Allgemeinheit ist der Satz richtig und wahr. Aber was besagt dies für die Rechtsanwendung? Welche Folgerungen werden daraus in der Staatenpraxis gezogen? Menschenrechtsverletzungen sind nicht gleich Menschenrechtsverletzungen. Viele Apologeten setzen sie jedoch gleich: Völkermord, Folter, Sklaverei, religiöse und rassische Diskriminierung, Rechtsverweigerung. Wollte man die beiden zuletzt genannten Formen der Menschenrechtsverletzungen zur Voraussetzung für bewaffnete Angriffe machen, wären 90 Prozent aller Staaten davon betroffen. Im Falle der drei erstgenannten Formen wären es aber auch noch 10 bis 30 Prozent aller Staaten, die Schwierigkeiten hätten, sich gegen den Vorwurf der Menschenrechtsverletzungen zur Wehr zu setzen.

3. Argumentation von Befürwortern einer humanitären Intervention läuft auf dem zur UN-Charta parallelen Pfad des Völkergewohnheitsrechts. Das in der UN-Charta positivierte Recht soll in dieser entscheidenden Frage des Schutzes der Menschenrechte vom Gewohnheitsrecht überholt und zu einem Paradigmawechsel geführt haben[189]. Um einen Militäreinsatz gegen einen souveränen Staat zum Schutz der Menschenrechte rechtfertigen zu können, müßte die humanitäre Intervention im geltendem Völkergewohnheitsrecht als zulässige Ausnahme vom Gewaltverbot verankert sein[190]. Um diesen Fortschritt im Völkerrecht zu belegen, bedarf es allerdings des Nachweises einer Praxis der Staaten, die nicht nur gelegentlich und zufällig, sondern mit einer gewissen Dauer und Stetigkeit erfolgt[191]. Diese Praxis muß zudem den Rückschluß erlauben, daß sich bei den Staaten eine Überzeugung vom Rechtswandel gebildet hat, dem sie sich für die Zukunft bindend verpflichtet fühlen. Sie müssen also mit ihrem Handeln gleichsam einen Präzedenzfall schaffen wollen, der auf die Veränderung der alten Rechtsregel abzielt. Gem. Art. 38 Abs. 1b des IGH-Statuts, für die Rechtssetzung und –entwicklung neben der Rechtsschöpfung durch Vertrag sind demnach zwei Elemente entscheidend: ein objektives, die Praxis der Staaten, und ein subjektives, die Überzeugung von der rechtlichen Verbindlichkeit. Eine gewohnheitsrechtliche Übung ist aber nur dann anzuwenden, wenn die betreffende Verhaltensweise der Staaten eine gewisse Dauer, Einheitlichkeit und Verbreitung aufweist[192]. Der Nachweis ist oft nicht leicht zu führen und bedarf wegen der grundsätzlichen Bedeutung jeglichen Rechtswandels für die Staatenwelt kritischer Überprüfung und genauesten Nachweises. Insbesondere wird die Begründung nicht überzeugender, wenn man in dem Fall, daß dieser Nachweis nicht gelingt, die allgemein anerkannten Kriterien in Frage stellt und im Interesse seines eigenen Ergebnisses neu definiert und umgeht[193].

4. Die bisherige Entwicklung des Völkergewohnheitsrechts der humanitären Intervention hat sich in der Vergangenheit folgendermaßen dargestellt:

Obwohl es bereits in den 70er Jahren Beispiele für Gewaltanwendung zum Schutz der Bevölkerung eines fremden Staates gab, wurde diese Position

---

[189] Vgl. in jüngster Zeit Doehring, Rdn. 1008ff.; Wilms; Greenwood, S. 93ff.
[190] Wie oben dargestellt wurde: Nothilfe als Ausname des Gewaltverbots.
[191] So Paech, S. 91
[192] Urteil vom 27.06.1986, Martin Dixon, International Law 1993, S. 24ff.
[193] Ebenda, S. 91

von keinem der beteiligten Staaten vertreten. Als Indien 1971 in den Bangladesh-Konflikt eingriff oder Tansania 1979 in Uganda intervenierte, um das barbarische Regime Idi Amins abzusetzen, oder Vietnam 1978 gegen Pol Pot in Kambodscha eingriff, um schwerwiegende Menschenrechtsverletzungen zu verhindern, wurde die Gewaltanwendung hauptsächlich mit dem Recht auf Selbstverteidigung begründet. Während Indien und Vietnam auf einen eigenen Grenzkonflikt hinwiesen, stützte sich Tansania darauf, selbst von Uganda angegriffen worden zu sein.

Es sind keineswegs nur Rußland und China, die für wiederholte Handlungsunfähigkeit des Sicherheitsrates verantwortlich sind. Andere ständige Mitglieder, insbesondere die USA, verhalten sich ganz ähnlich passiv oder negativ, wenn die humanitären Tragödien ihre Interessen nicht berühren.

Der Völkermord in *Ruanda* 1994 zum Beispiel überstieg mit mehr als einer halben Million Toten sowohl den Kosovo- als auch den Bosnien-Konflikt in seiner humanitären Dimension um ein mehrfaches. Die USA lehnten die Entsendung einer Eingreiftruppe ab. Die internationale Staatengemeinschaft zog sich zurück und ließ den Ereignissen ihren Lauf. Ähnliches gilt für das Nachbarland *Burundi, Liberia, Sudan, Afghanistan, Nagorni-Karabach, Tschetschenien, Algerien und Ost-Zaire.* Diese Beispiele belegen eindrücklich die eingangs behauptete „humanitäre Interventionslücke".

Der IGH hat in seiner ersten Leitentscheidung zu diesem Problem, der Nicaragua-Entscheidung[194], die Vorstellung von einer humanitären Intervention zurückgewiesen und die militärische Aktionen der USA zum Schutz der Menschenrechte in Nicaragua verurteilt.

### Humanitäre Interventionen ohne UN-Mandat

Beispiele für ein militärisches Eingreifen ohne UN-Mandat zeigten sich 1990 in Liberia[195] und 1997 in Sierra Leone. Mit dem erklärten Ziel, „das sinnlose Töten der unschuldigen Zivilbevölkerung zu beenden", entsandte die Wirtschaftsgemeinschaft Westafrikanischer Staaten (ECOWAS) in beiden Fällen ein großes Kontingent von Friedenstruppen, um die demokratischen Einrichtungen wiederherzustellen. Diesen Eingriffen haben die betroffenen Regierungen jedoch zuge-

---

[194] Urteil vom. 27.06.1986, Military and Paramilitary Activities-Case, International Law Reports 1986, 468, 469, para. 268

[195] UN Doc. S/21485.

stimmt. Außerdem spielten wirtschaftliche Interessen eine nicht unerhebliche Rolle. Die Reaktion der Staatengemeinschaft hat diese Interventionen positiv bewertet. Dies kam in zwei Erklärungen des Präsidenten des Sicherheitsrates vom Januar 1991 und vom Mai 1992 zum Ausdruck, durch die der Sicherheitsrat die Maßnahmen der ECOWAS als „förderlich für den Frieden und Normalität in Liberia" bezeichnete[196].

In der Frage einer humanitären Intervention ohne UN-Mandat und ohne Zustimmung des betroffenen Staates gibt es bislang noch keinen der Intervention in Jugoslawien vergleichbaren Präzedenzfall. Zudem fehlt es an einer einheitlichen Rechtsüberzeugung der Staatengemeinschaft. Hinzu kommt, daß die Beschlüsse des Sicherheitsrates auch von rein politischen Erwägungen und Interessen, insbesondere der ständigen Mitglieder beeinflußt werden. Beispielsweise widersprach China am 25. Februar 1999 im Sicherheitsrat dem Vorschlag, das Mandat der „United Nation Preventive Deployment Force" für Mazadonien über den 28. Februar 1999 hinaus zu verlängern[197]. Der Hintergrund für Chinas Veto war der Versuch Mazedoniens, eine wirtschaftliche und diplomatische Zusammenarbeit mit Taiwan aufzunehmen. Angesichts dieses Veto wurden die an der UN *Preventive Deployment Force for Macedonia* beteiligten Verbände abgezogen. Bislang scheiterten alle Versuche, das Recht der humanitären Intervention zu kodifizieren und seine Voraussetzungen festzulegen, an der gemeinsamen Rechtsüberzeugung der meisten Staaten[198]. Die scharfe Proteste wichtiger Großmächte wie Rußland, China, Indien (drei der bevölkerungsreichsten Staaten der Welt) oder Weißrußland gegen die Luftangriffe der NATO im Kosovo verdeutlichen, daß eine einheitliche Rechtsüberzeugung hinsichtlich der humanitären Intervention gegenwärtig noch nicht existiert. Die jüngste Entschließung des UN-Sicherheitsrates zu Kosovo[199] nimmt zu diesem Fragenkomplex ebenfalls nicht Stellung.

Dies ist jedoch nicht verwunderlich, wenn man bedenkt, daß es noch nicht einmal eine einheitliche Rechtsüberzeugung hinsichtlich des Menschenrechts-

---

[196] UN Doc. S/22133 und S/23886.

[197] Draft Resolution S 1999/201. Den Vorsitz im Sicherheitsrat hatte zu der Zeit Kanada inne. Dem Sicherheitsrat gehörten neben den ständigen Mitglieder (China, Frankreich, Rußland, Vereinigtes Königreich und USA) die Länder Argentinien, Bahrain, Brasilien, Gabun, Gambia, Malaysia, Namibia, die Niederlande und Slowenien an.

[198] Vgl. Lange, S. 315

[199] Entschließung vom 10.06.1999, voller Wortlaut in: EuGRZ 1999, S. 362

schutzes an sich gibt; Menschenrechte haben in Afrika, Asien, Lateinamerika und der westlichen Hemisphäre eine unterschiedliche Geschichte und eine unterschiedliche Bedeutung; ihr Schutz kennt nicht den gleichen Entwicklungsstand. Auch wenn zahlreiche nicht-westliche Staaten dem Internationalen Pakt über bürgerliche und politische Rechte beigetreten sind, so sind wir trotzdem noch weit entfernt von einer Universalität der Menschenrechte.

Geradliniger erscheint dann schon der Hinweis darauf, (neues) Völkerrecht entstehe durch den Bruch des alten. Solcher Rechtsbruch muß mit demselben Risiko leben wie die Revolution. Sie muß gelingen und die neue Ordnung muß anerkannt werden. Bis zu diesem Zeitpunkt bleibt der Rechtsbruch lediglich ein Versuch zur Schaffung einer neuen (Rechts-)Ordnung. Legitimierende Kraft kommt ihm vor Erreichung seines Zieles nicht zu.

Das existierende Völkerrecht ist natürlich nicht der Weisheit letzter Schluß[200]. Aber es ist der letzte Schluß, der vereinbar ist. Und bevor ich nicht einen besseren vereinbaren kann, muß ich den aufrecht erhalten, der vereinbar ist.

Die zeitgenössische Staatenpraxis bietet in der Tat kaum eine geeignete Grundlage für die Annahme, daß sich die humanitäre Intervention gleichsam als dritte Ausnahme vom Gewaltverbot neben Art. 51 und 39/42 UN-Charta etabliert hat.

*Vor dem Hintergrund der historischen, politischen und völkerrechtlichen Gegebenheiten kann von einem „internationalen Gewohnheitsrecht", das ein „Recht einseitiger Intervention" begründet[201], nicht gesprochen werden.*

### cc) Keine Rechtsgrundlage nach dem NATO-Vertrag

Wenn der Vereinten Nationen Fesseln angelegt sind, wie verhält es sich dann mit der NATO? Nun, die NATO darf noch weniger. Die NATO ist nämlich ein reines Verteidigungsbündnis, das einerseits die Charta der Vereinten Nationen als bindend für sich selbst ansieht (Art. 1 Nordatlantikvertrag) und andererseits militärisch nur im Falle eines äußeren Angriffs Dritter reagieren kann (Art. 3: „Widerstandskraft gegen bewaffnete Angriffe"; Art. 4: Konsultation für den

---

[200] Vgl. Grabert, S. 41

[201] Vgl. Greenwood, S. 93. Allerdings warnt er davon, daß bei „Möglichkeit für einen Mißbrauch dieses Rechts auf humanitäre Intervention ... heute so groß (bleiben) wie eh und je" (S. 105f.).

Fall, daß „die Unversehrtheit des Gebiets, die politische Unabhängigkeit oder die Sicherheit einer der Parteien bedroht ist"; Art. 5: Inanspruchnahme des Rechts auf individuelle oder kollektive Selbstverteidigung – gem. Art. 51 UN-Charta – im Falle eines bewaffneten Angriffs). Auch räumlich ist der Aktionsradius der NATO festgelegt, und zwar in Art. 6 NATO-Vertrags: Es muß ein Angriff vorliegen auf das „Gebiet einer der Parteien in Europa oder Nordamerika", „auf die Besatzungsstreitkräfte einer Partei in Europa", „auf die der Gebietshoheit einer Partei unterstehenden Inseln im nordatlantischen Gebiet nördlich des Wendekreises des Krebses oder auf die Schiffe oder die Flugzeuge einer der Parteien in diesem Gebiet".

Ein Eingreifen der NATO im Kosovo verstieße also gegen den Nordatlantikvertrag dieser Organisation. Sie könnte erst tätig werden, wenn sie vom UN-Sicherheitsrat dazu aufgefordert würde[202]. Eine solche Aufforderung liegt nicht vor. Die Resolution des Sicherheitsrates vom 22.09.1998 fordert Jugoslawien und die Kosovo-Albaner auf, Verhandlungen über eine friedliche Lösung des Konflikts zu führen. Jugoslawien müsse seine Sicherheitskräfte aus der Region abziehen, die Führung der Kosovo-Albaner müsse jegliche Form des Terrorismus verurteilen und der Gewalt abschwören. Mit einem militärischen Eingreifen bei Nichtbefolgung der Resolution wird indessen nicht gedroht. Die deutsche Sektion der Juristenvereinigung IALANA weist in einer Erklärung Anfang Oktober 1998 darauf hin, daß ein Militäreinsatz der NATO und der Bundeswehr weder von Völkerrecht noch vom Grundgesetz gedeckt sei.

Nach Art. 1 NATO-Vertrag verpflichteten sich die Parteien „in Übereinstimmung mit der Satzung der Vereinten Nationen, jeden internationalen Streitfall, an dem sie beteiligt sind, auf friedlichem Wege so zu regeln, daß der internationale Friede, die Sicherheit und die Gerechtigkeit nicht gefährdet werden, und sich in ihren internationalen Beziehungen jeder Gewaltandrohung oder Gewaltanwendung zu enthalten, die mit den Zielen der Vereinten Nationen nicht vereinbar ist". Der damit ausgesprochene Bezug zur Charta der Vereinten Nationen wird durch Art. 7 NATO-Vertrag konkretisiert: Eine die Rechte und Pflichten der Parteien aus der UN-Charta berührende Auslegung des NATO-Vertrages ist ausgeschlossen. Die Vereinten Nationen haben sich das Ziel gesetzt, Situationen, die zu einem Friedensbruch führen konnten, durch friedliche

---

[202] Ganz abgesehen davon, daß eine solche Aufforderung – siehe oben – völkerrechtlich höchst problematisch wäre.

Mittel nach den Grundsätzen der Gerechtigkeit und des Völkerrechts zu bereinigen oder beizulegen. Damit ist – unter den souveränen Staaten – ein Gewaltverbot verbunden, Art. 2 Ziff. 4 UN-Charta. Sieht man einmal davon ab, daß es sich beim Jugoslawien-Krieg um ein Problem innerhalb eines souveränen Staates handelt (Art. 2 Ziff. 1 UN-Charta), ist jedenfalls nach Art. 1, 2 UN-Charta Krieg kein Mittel der Wahl. Er kann nach Art. 42 UN-Charta zu einem Mittel der Wahl werden, wenn der Sicherheitsrat das beschließt. Das hat er nicht getan. Die NATO handelt infolgedessen ohne Rechtsgrundlage, soweit dies die UN-Charta betrifft[203].

### dd) Die Verletzung des Gewaltverbots

1. Nach der Ächtung des Angriffskrieges im Briand-Kellog-Pakt 1928 erweiterte die UN-Charta das Kriegsverbot zu einem generellen Gewaltverbot, Art. 2 Ziff. 4, und entzog jeglicher Einmischung in die inneren Angelegenheiten souveräner Staaten die rechtliche Legitimation[204]. Spätestens Anfang der 70er Jahre war an dem absoluten völkerrechtlichen Verbot einer militärischen Intervention aus was für Gründen auch immer, kein Zweifel mehr. Die berühmte Deklaration über die Grundprinzipien des Völkerrechts[205] formulierte dies ganz eindeutig: *„Jeder Staat hat die Pflicht, in seinen internationalen Beziehungen jede gegen die territoriale Unversehrtheit oder die politische Unabhängigkeit eines Staates gerichtete oder sonst mit den Zielen der Vereinten Nationen unvereinbare Androhung oder Anwendung von Gewalt zu unterlassen. Eine solche Androhung oder Anwendung von Gewalt stellt eine Verletzung des Völkerrechts und der UN-Charta dar und darf niemals als Mittel zur Beilegung internationaler Streitfragen angewandt werden. Ein Angriffskrieg stellt ein Verbrechen gegen den Frieden dar, das die Verantwortlichkeit auf Grund des Völkerrechts nach sich zieht".*

---

[203] Vgl. Zuck, S. 226

[204] Art. 2 Ziff. 7 UN-Charta: „Aus dieser Charta kann eine Befugnis der Vereinten Nationen zum Eingreifen in Angelegenheiten, die ihrem Wesen nach zur inneren Zuständigkeit eines Staates gehören, oder eine Verpflichtung der Mitglieder, solche Angelegenheiten einer Regelung auf Grund dieser Charta zu unterwerfen, nicht abgeleitet werden..."

[205] Deklaration über die Prinzipien des Völkerrechts betreffend die freundschaftlichen Beziehungen und die Zusammenarbeit zwischen den Staaten in Übereinstimmung mit der Charta der Vereinten Nationen, Res. Der UN-Generalversammlung 2625 (XXV) vom 24.10.1970, auch „Friendly-Relations" – oder Prinzipien-Deklaration genannt.

So wie die Erweiterung des Kriegs – zum Gewalt – und Interventionsverbot hat auch der Menschenrechtsschutz nach 1945 einen beträchtlichen Entwicklungssprung getan. Denn nicht nur Krieg und Zerstörung, sondern auch KZ und Völkermord gehörten zur Erfahrung der Staaten, als sie sich in San Francisco zur Gründung der Vereinten Nationen und zur Verabschiedung ihrer Charta versammelten. Wenn es auch nicht gelang, den Menschenrechten ein eigenes Kapitel in der Charta zu widmen, so wurden sie doch nicht ausgeschlossen. An insgesamt sieben Stellen wird ihr Schutz als wesentliches Ziel der Vereinten Nationen erwähnt[206]. Das Hauptziel und die zentrale Aufgabe der UNO bleibt jedoch die Friedenssicherung, worunter sich die anderen Zielen einzureihen haben. Dies macht zum einen Art. 103 UN-Charta deutlich: *„Widersprechen sich die Verpflichtungen von Mitgliedern der Vereinten Nationen aus dieser Charta und ihre Verpflichtungen aus anderen internationalen Übereinkünften, so haben die Verpflichtungen aus dieser Charta Vorrang"*. Tritt also das Gewaltverbot der Friedenssicherung in Konkurrenz zu einer Verpflichtung aus einem der Menschenrechtspakte und einer der Menschenrechtskonventionen, so hat das Gewaltverbot Vorrang[207]. Dies ergibt sich zum anderen auch aus der Prinzipiendeklaration von 1970, an deren Spitze das Gewaltverbot sowie die Unabhängigkeit und Souveränität der Staaten rangieren. Erst an fünfter Stelle wird das Prinzip der *„internationalen gegenseitigen Zusammenarbeit zur Lösung wirtschaftlicher, sozialer, kultureller und humanitärer Probleme und zur Stärkung der Menschenrechte"* erwähnt. Eine Verknüpfung beider Prinzipien derart, daß die Sicherung der Menschenrechte eine Ausnahme vom Gewaltverbot zulasse oder gar erfordere, ist im System der UN-Charta also nicht angelegt. Die hat der IGH 1986 in seinem Urteil im Rechtsstreit Nicaraguas gegen die USA noch einmal unterstrichen: „Die Vereinigten Staaten mögen ihre eigene Einschätzung hinsichtlich der Achtung der Menschenrechte in Nicaragua haben, jedoch kann die Anwendung von Gewalt keine geeignete Methode sein, die Achtung der Menschenrechte zu überwachen oder zu sichern. Hinsichtlich der ergriffenen Maßnahmen (ist festzustellen), daß der Schutz der Menschenrechte, ein strikt humanitäres Ziel, unvereinbar ist mit der Verminung von Häfen, der Zerstörung von Ölraffinerien, oder ... mit der Ausbildung, Bewaffnung und Ausrüstung von Contras. Das Gericht kommt zum Ergebnis, daß das Argument, das von der

---

[206] Vgl. Paech, S. 89
[207] Ebenda, S. 89

Wahrung der Menschenrechte in Nicaragua hergeleitet wird, keine juristische Rechtfertigung für das Verhalten der USA liefern kann"[208].

Der Einsatz der NATO-Verbände im Kosovo berührt also das gewohnheitsrechtliche und chartarechtliche Gewohnheitsverbot. Der Einsatz von Luftstreitkräften, die auf dem Territorium eines anderen Staates Angriffe fliegen, erfüllt den Tatbestand der Anwendung militärischer Gewalt in den internationalen Beziehungen. Diese militärische Gewalt richtet sich auch, da sie auf jugoslawischem Gebiet stattfindet, gegen die territoriale Integrität dieses Staates.

Die Anwendbarkeit des Gewaltverbotes ist auch nicht, wie Ipsen behauptet[209], dadurch ausgeschlossen, daß ein Militäreinsatz zum Schutz der Menschenrechte und des Selbstbestimmungsrechts der Völker den Zielen der UNO gem. Art. 1 UN-Charta entspricht. Dies kann nicht zu einer tatbestandlichen Reduktion des Gewaltverbots führen. Art. 2 Abs. 4 UN-Charta verbietet jede Gewaltanwendung, die sich gegen die territoriale Integrität oder die politische Unabhängigkeit eines Staates richtet, oder die in sonstiger Weise unvereinbar mit den Zielen der Charta ist. Aus dem Wort „oder" kann nur der Schluß gezogen werden, daß es sich dabei um gleichberechtigt nebeneinander stehende Alternativen verbotener Gewaltanwendung handelt. Dagegen ist eine Begrenzung des durch das Gewaltverbot bewirkten Schutzes staatlicher Souveränität durch andere Ziele der UN-Charta nicht zulässig.

2. Deshalb liegt eine Verletzung des Gewaltverbots vor, die der Rechtfertigung bedarf. Eine solche liegt insbesondere dann vor, wenn die NATO zur kollektiven Selbstverteidigung handelt. Das Recht zur kollektiven Selbstverteidigung stellt gewohnheitsrechtlich eine anerkannte Ausnahme vom Gewaltverbot dar[210]. Es kann auch in der Form der kollektiven Nothilfe zugunsten eines dritten Staates ausgeübt werden.

Die kollektive Selbstverteidigung hat nur dann hinter der gem. Art. 24 Abs. 1 UN-Charta dem UN-Sicherheitsrat zugewiesenen Hauptverantwortung für den Frieden zurückzutreten, wenn der Sicherheitsrat seinerseits das Erforderliche zur Friedenssicherung getan hat. Da dies im Kosovo-Konflikt vor dem

---

[208] Military and Paramilitary Activities Case, International Law Reports 468/469, para. 268. So auch die heute überwiegende Meinung in der Völkerrechtswissenschaft, Verdross/Simma, S. 284; Randelzhofer, in:Simma (Hrsg.), Art. 2 Ziff. 4 Rdn. 30, 49ff.

[209] Vgl. Ipsen, S. 20f.

[210] Dies hat auch der IGH in seinem Nicaragua-Fall festgestellt, ICJ-Reports 1986, 102 (193).

Einsatz der NATO ersichtlich noch nicht geschehen war, wäre dieser Einsatz als kollektive Nothilfe gerechtfertigt.

Die kollektive Selbstverteidigung oder Nothilfe setzt jedoch in der Regel voraus, daß einer der Bündnispartner oder ein Drittstaat militärisch angegriffen wird. Ein solcher Angriff hat im Kosovo-Konflikt nicht stattgefunden. Auch die durch die Kämpfe im Kosovo ausgelösten Flüchtlingsströme, die in einigen Nachbarländern zu innenpolitischen Spannungen geführt haben, genügen dafür nicht. Sie können nicht mit der für die Auslösung des Selbstverteidigungsrechts notwendigen Anwendung von Waffengewalt verglichen werden.

Die These von Doehring, die NATO im Kosovo handele zur kollektiven Nothilfe, ist jedoch höchst umstritten. Vor dem Kosovo-Einsatz ging die Literatur nahezu einmütig davon aus, daß die sog. humanitäre Intervention allenfalls zum Schutz eigener Staatsbürger, nicht aber zum Schutz von fremden Menschen, oder Völkern zulässig sei[211]. Nennenswerte Staatenpraxis hat es vor diesem Einsatz auch nicht gegeben. Dies deckt sich auch mit dem Wortlaut von Art. 51 UN-Charta, der einen bewaffneten Angriff auf ein Mitglied der Vereinten Nationen als Grund für die Selbstverteidigung oder Nothilfe voraussetzt. Mitglieder der Vereinten Nationen können aber gem. Art. 4 Abs. 1 UN-Charta nur Staaten sein. Angriffe auf Volksgruppen oder Individuen stellen deshalb für sich genommen keinen Angriff auf ein Mitglied dar.

3. Durch die Gewaltmaßnahmen der serbischen Staatsführung ist wohl der innere Frieden in Jugoslawien, nicht aber zwischen den Staaten oder die internationale Sicherheit gefährdet. Zwar hat der Sicherheitsrat 1992 in der Somalia-Resolution und 1994 in der Haiti-Resolution Interventionen zum Schutz der Menschenrechte zugelassen, obwohl keine internationalen Konflikte vorlagen. Diesmal aber fehlt es nicht nur an der inhaltlichen, sondern auch an der formellen Interventionsvoraussetzung. Denn es liegt kein entsprechendes Mandat des Sicherheitsrates vor. Da es sicher zu sein schien, daß dieses wegen des Vetorechts von Rußland wie von China nicht zu erlangen war, handelte die NATO auf eigene Faust[212], wobei als Legitimationsbasis für die „humanitäre Aktion" nach allgemeinen Rechtsgrundsätzen die Nothilfe durch Drittstaaten angeführt wird. So jedenfalls äußerten sich Bundesaußenminister Fischer und Bundesverteidigungsminister Scharping im April 1999.

---

[211] Vgl. Fink, S. 1021

4. Es gibt sowohl in politischem als auch wissenschaftlichem Gewand vorgetra-
gene Ansicht, daß die „humanitäre Intervention" gar nicht den Krieg, sondern
die Rettung von Menschenleben zum Ziel habe und insoweit auch nicht in der
UN-Charta geregelt sei. Da schwerste Verletzungen der Menschenrechte nach
dem sog. *erga-omnes*-Prinzip[213] alle Staaten der Staatengemeinschaft gleichzeitig in ihren Rechten verletzten, seien diese auch jeweils zu Sanktionen bis hin
zur militärischen Aktion befugt[214]. Abgesehen davon, daß Krieg nicht durch das
politische Ziel der Bomben, sondern durch die Mittel der Zerstörung definiert
wird, taugt das *erga-omnes*-Prinzip nicht dazu, eine dritte Ausnahme vom Gewaltverbot gegen die UN-Charta zu begründen[215].

Das Prinzip würde faktisch jedem Staat die Möglichkeit eröffnen, überall
aus der Welt zu intervenieren, wo nach seiner Ansicht die Menschenrechte grob
verletzt werden. Die Intervention würde weit über die Selbstverteidigung nach
Art. 51 UN-Charta hinausgehen, die nur gegen eine direkte Aggression nicht
aber gegen eine allgemeine Verletzung des Völkerrechts, so schwer sie auch
sein mag, erlaubt ist[216].

„Intervention" ist also in Wirklichkeit überhaupt kein völkerrechtlich
sanktioniertes Handeln, sondern das Gegenteil davon: Intervention verstößt gegen das für die UN-Charta konstitutive Interventionsverbot und ist einer der
Hauptgründe für Friedensbruch, Friedensgefährdung und Sicherheitsgefährdung,
die der Sicherheitsrat feststellt[217].

### ee) Die Verletzung des humanitären Völkerrechts seitens der NATO

Ziel der NATO ist „Der Mann in Belgrad", ein einzelner also, und Gewalt gegen
einen einzelnen kann nicht viel bedeuten. Die Bomben und Raketen richten sich
freilich nicht gegen Herrn Milosevic, sondern gegen militärische Ziele, Ziele,
die nicht im persönlichen Eigentum von Herrn Milosevic stehen, sondern staatliche Einrichtungen sind. Es gibt infolgedessen keine private Abrechnung des

---

[212] Vgl. von Pertinax, S. 78

[213] Von diesem Prinzip spricht man, wenn Rechte oder Pflichten gegenüber der ganzen Staatengemeinschaft („unter allen") bestehen, wie das z.B. bei den Menschenrechten angenommen wird.

[214] So z.B. Wilms, S. 230

[215] Aus ihm ergibt sich schon gar nicht eine Interventionspflicht.

[216] Vgl. Hailbronner, in: Graf Vitzthum, Rdn. 197.

[217] Pradetto, in: Aus Politik und Zeitgeschichte, S. 33

Westens mit Milosevic, sondern nur einen Krieg gegen Jugoslawien, auch wenn er weder erklärt noch offiziell so genannt worden ist[218]. In staatlichen Einrichtungen gibt es nicht nur Repräsentanten dieses Staates, sondern auch Privatpersonen. Nicht alle eingesetzten Waffen treffen außerdem ihr Ziel. Die Zivilbevölkerung ist in den Krieg mit einbezogen. Unschuldige werden getötet. Nun mag man sich damit zufrieden geben, daß das nicht gewollt ist, daß es nur wenige sind, und daß die unbeabsichtigen Nebenfolgen außer Verhältnis zu dem mit der Verhinderung weiterer Greueltaten verbundenen Erfolg sind. Ein Krieg, der, wie dieser, im Namen der Moral geführt wird, führt rasch in ein mögliches Dilemma, wenn das Leben Unschuldiger für höhere Ziele aufs Spiel gesetzt wird. Moralisch gesehen dürfen nämlich Menschenleben nicht verrechnet werden. Wer dennoch in größeren Zusammenhängen denken möchte, muß sich fragen lassen, ob er oder ein Familienmitglied ein solches Zufallsopfer zu bringen bereit wäre. Ohne jegliche Übertreibung, läßt sich feststellen, daß die NATO mit ihren Angriffen auf Jugoslawien nicht nur den gesamten Balkan erschüttert und ins Wanken gebracht hat, sondern auch Europa[219]. Was damit beobachtbar ist, ist eine um sich greifende *de-facto*-Gleichgültigkeit gegenüber der Zivilbevölkerung. Die moralische Rechtfertigung geriet damit völlig ins Abstrakte und war angesichts einer strengen Ziel-Mittel-Prüfung immer weniger legitim[220].

Entscheidungen in Glaubensfragen und in Fragen der Moral können Staaten nicht mit verbindlicher Wirkung für ihre Bürger treffen, weil alle Bürger davon betroffen sind. Die für alle verbindliche Entscheidung leistet das Recht. Der Krieg gegen Jugoslawien müßte nicht im Namen der Moral geführt werden, wenn er im Namen des Rechts geführt werden könnte[221].

Es ist um so zwingender, das in vielen Jahren entwickelte „*ius in bello*" zu beachten, das den Schutz der Zivilbevölkerung und ziviler Objekte in internationalen bewaffneten Konflikten gewährleisten will. Genau das tat die NATO nicht und zerstörte damit ein internationales Rechtssystem, das die Selbstbeschränkung im Krieg auferlegt. Bei den zivilen Todesopfern verwies die NATO bedauernd darauf, vereinzelte technische Fehler, Bombenquerschläge oder „Kollateralschäden" seien nicht gänzlich zu vermeiden. Diese Erklärungen befriedi-

---

[218] Vgl. Zuck, S. 225

[219] Näher dazu: http://home.t-online.de/home/yukomitee/page29.htm

[220] Vgl. Funkl/Rhotert, S. 360

[221] Vgl. Zuck, S. 226

gen jedoch nicht. Die Bomben sind eben nicht nur gegen militärische Streit-kräfte, Waffensysteme und –fabriken, Unterkünfte und Transportwege gerichtet. Dies alles läge im Rahmen des kriegsmäßig international Erlaubten. De facto wurden aber längst Objekte bombardiert, die eine ausschließliche oder weit überwiegende zivile Bedeutung hatten. Dies aber ist nach dem Kriegs- und humanitären Völkerrecht ausdrücklich verboten. Deren Geschichte begann mit der Haager Konvention von 1907. Es ist seitdem, stets unter den Erfahrungen der Kriege des 20. Jahrhunderts, weiterentwickelt worden – vor allem mit den vier Genfer Konventionen von 1949 und dem Zusatzprotokoll von 1977, das nach den Vietnamkriegserfahrungen neben dem Schutz der Zivilpersonen auch den ziviler Objekte und der natürlichen Umwelt einbezieht.

Art. 52 Abs. 2 sagt: „Es ist verboten, für die Zivilbevölkerung lebensnot-wendige Objekte wie Nahrungsmittel, zur Erzeugung von Nahrungsmitteln genutzte landwirtschaftliche Gebiete, Ernte- und Viehbestände, Trinkwasserver-sorgungseinrichtungen und –vorräte sowie Bewässerungsanlagen anzugreifen, zu zerstören, zu entfernen oder unbrauchbar zu machen." Dies verträgt sich nicht mit der Bombardierung von städtischen Wasserversorgungseinrichtungen oder der von Futtermittel- und Düngemittelfabriken.

Art. 55 Abs 1. Schreibt vor: „Bei der Kriegführung ist darauf zu achten, daß die natürliche Umwelt vor ausgedehnten längeranhaltenden und schweren Schäden geschützt wird." Dies verträgt sich nicht mit der Bombardierung von Chemiefabriken oder von Raffinerien. Die dadurch freigesetzten Giftschwaden verseuchen Luft, Land und Gewässer. In einem Protestschreiben an den Generalsekretär der Vereinten Nationen vom 18. April 1999 listete die Jugoslawische Regierung erhebliche Umweltkriegsfolgen auf, die bereits nach wenigen Kriegstagen auftraten: Die „Zerstörung von Anlagen der chemischen, erdölver-arbeitenden und pharmazeutischen Industrie", die sich „in der unmittelbaren Nähe von Großstädten abspielt, wie z.B. Belgrad (2 Millionen Bevölkerung), führt zur Verdunstung großer Mengen gefährlicher Giftmaterien, die die Menschen, die Luft, den Boden, das ganze Leben in Gefahr bringen."

Auch der Angaben des Umweltbundesamtes trat durch die Bombardierung der PVC-Anlagen auch Phosgen aus, wodurch die NATO das Leben, die Gesundheit und die Sicherheit der Zivilbevölkerung im Ballungsraum Belgrad bewußt gefährdete[222]. Man spricht sogar über den vorsätzlichen Giftangriffs-krieg[223].

Vor allem in Großstädten wie Belgrad, Pancevo, Novi Sad, Subotica oder Krusevac wurden Hunderttausende von Menschen bereits nach wenigen Kriegstagen in Umgebung der zerstörten Anlagen mehrfach hochtoxischen Gemischen aus Stickoxiden, Schwefel- und Salpetersäuren, Schwermetallen sowie krebserzeugenden bzw. hochgiftigen Kohlenwasserstoffen wie Benzol und Toulol ausgesetzt.

Die gesundheitlichen Probleme der jugoslawischen Bevölkerung verschärfen sich überdies durch die Zerstörung ziviler Infrastruktursysteme. In sämtlichen größeren oder strategisch wichtigen Städten wurden systematisch Ver- und Entsorgungseinrichtungen, Kommunikations- und Verkehrssysteme und wichtige Brücken zerstört, aber auch Krankenhäuser, Schulen, Universitäten und Wohngebiete beschädigt. Die Wasser- und Stromversorgung für mehr als eine Million Menschen allein in Belgrad war längere Zeit erheblich gestört.

„Wer einen Eingriff plant oder beschließt", schreibt Art. 57 des Zusatzprotokolls vor, „hat alles praktisch mögliche zu tun, um sicherzugehen, daß die Angriffsziele weder Zivilpersonen noch zivile Objekte sind." Mehr noch: „Er hat von jedem Angriff Abstand zu nehmen, bei dem damit zu rechnen ist, daß er auch Verluste unter der Zivilbevölkerung" oder die „Beschädigung ziviler Objekte verursacht, die in keinem Verhältnis zum erwarteten konkreten oder unmittelbaren militärischen Vorteil stehen." Dies verträgt sich nicht mit der Bombardierung von Kraftwerken und Stromversorgungslinien. Gerade die Elektrizitätsversorgung ist elementarer Bestandteil der zivilen Infrastruktur. Für den gezielt herbeigeführten Stromausfall ganzer Städte, einschließlich der Kliniken mit ihren Operationseinrichtungen, gibt es keine Rechtfertigung. Und wenn die Bombenschläge in die Mitte der Städte doch nicht so „chirurgisch" präzise sein können, ist es nicht tragbar, sie fortzusetzen.

Dabei ist noch unklar, ob manche Waffenarten – so etwa der offiziell bestätigte Einsatz von Splitterbomben oder solcher mit „abgereichertem Uran"- mit der seit 1980 geltenden Konvention zum Verbot oder zur Beschränkung sol-

---

[222] Umweltbundesamt, S. 13.
[223] Näher dazu Krusewitz, S. 142ff.

cher konventioneller Waffen vereinbar sind, die lange Folgewirkungen für die Gesundheit der Menschen und ihrer Lebensräume haben.

Die Konventionen zur Vermeidung ziviler Opfer und Schäden im Kriegsfall werden zwar häufig mißachtet. Ihren Ansprüchen gerecht zu werden, ist besonders bei Luftangriffen äußerst schwer, wenn nicht gar unmöglich. Dies spricht aber nicht gegen diese Konventionen, sondern gegen Bombenkriege.

Bezogen auf diesen Bombenkrieg der NATO schreibt das Zusatzprotokoll zur Genfer Konvention vor: „Ein Angriff ist endgültig oder vorläufig einzustellen, wenn sich erweist, daß sein Ziel nicht militärischer Art ist, daß es unter besonderem Schutz steht oder damit zu rechnen ist, daß der Angriff auch Verluste unter der Zivilbevölkerung, die Verwundung von Zivilpersonen, die Beschädigung ziviler Objekte verursacht." Das hat die NATO nicht getan.

### ff) Zwischenergebnis[224]

1. Im Kosovo finden Mord und Vertreibung, das heißt schwerste Verbrechen gegen die Menschlichkeit statt. Die Staaten der NATO haben es seit 1989, spätestens seit Dayton 1995 versäumt, dem Ruf nach Konflikt- und Krisenprävention im und für das Kosovo zu folgen. Ihr Verhalten ist nicht ursächlich für die Verbrechen im Kosovo. Gleichwohl sind sie nicht frei von Mitverantwortung.

2. Der Bombenkrieg der NATO gegen Jugoslawien ist vom Völkerrecht nicht gedeckt. Nach Art. 2 Zff. 4 UN-Charta i.V.m. Art. 24, 39 und 40ff. UN-Charta liegt das Gewaltmonopol bei der UNO. Selbst die Völkermordkonvention vom 9. Dezember 1948 enthält keine Eingriffsbefugnis für Drittstaaten im Falle des Völkermordes. Eine Mandatierung des Luftkrieges der NATO durch die UNO liegt nicht vor.

3. Menschenrechte besitzen eine zivile Logik: Menschen und ihre Rechte dürfen nicht im Namen der Menschenrechte mit militärischen Mitteln verletzt oder gar vernichtet werden. Die Luftschläge der NATO, die auch Unschuldige verwun-

---

[224] Die überwältigende Mehrheit der zeitgenössischen Rechtsmeinungen spricht sich gegen die Existenz eines Rechts zur (einseitigen) militärischen Intervention aus, und zwar aus drei Gründen: erstens enthalten die UN-Charta und das Völkerrecht insgesamt offensichtlich kein spezifisches derartiges Recht; zweitens liefert die Staatenpraxis in den letzten zweihundert Jahren und besonders nach 1945 allenfalls eine Hand voll wirklicher Fälle einer humanitären Intervention, wenn überhaupt – wie die meisten meinen; und schließlich, aus Gründen der Vorsicht, spricht die Möglichkeit des Mißbrauchs stark dagegen, ein solches Recht zu schaffen.

den und töten, verletzen diese zivile Logik und das ihr folgende humanitäre Gebot.

4. Wer in außerordentlichen Extremsituationen wie Völkermord für sich die Notwendigkeit sieht, nicht geltendem Recht, sondern Naturrecht bzw. seinem Gewissen folgen zu müssen, ist in besonderer Weise gemahnt, das Übermaßverbot, das heißt die Grundsätze der Erforderlichkeit, der Geeignetheit und der Verhältnismäßigkeit der Mittel sowie der Folgenorientierung der Maßnahmen zu beachten. Gerade das Ausmaß der Bombardements geht weit über den in Art. 42 UN-Charta vorgesehenen Rahmen der Zwangsmaßnahmen hinaus. Die nicht nur zufällige Bombardierung ziviler und gefährlicher Objekte wie Brücken, chemische Fabriken, Raffinerien und Elektrokraftwerke verstößt eindeutig gegen Schutzvorschriften des I. Zusatzprotokolls von 1977 zu den Genfer Konventionen. Dieses Gebot wird beim Krieg der NATO im Kosovo verletzt.

5. Ein Luftkrieg ist grundsätzlich kein geeignetes Mittel, eine „humanitäre Katastrophe" zu vermeiden. Wie auch der Kosovo-Krieg bestätigt, besteht das Risiko, daß er die Katastrophe eskalieren läßt (Haß, Rache, Vergeltung), wenn nicht sogar provoziert („jetzt erst recht" und „die Albaner sind schuld"), oder daß er als Vorwand mißbraucht wird (Beseitigung der Opposition). Diese Risiko ist größer als etwaige Erfolgaussichten.

6. Jede Maßnahme – und damit auch Krieg als das letzte Mittel der Politik – ist dann nicht mehr verhältnismäßig, wenn ihre direkten und indirekten Folgen und Nebenwirkungen, insgesamt betrachtet, mehr zerstören als schützen. Zu den Folgen und Wirkungen des Kosovo-Krieges gehört auch die Tötung Unschuldiger durch die NATO, die Beseitigung geltenden Völkerrechts, die Beschädigung der Vereinten Nationen und letztlich auch der NATO selbst, ferner die Demütigung Rußlands, auf das Europa als Partner angewiesen ist.

7. Das Völkerrecht muß von einem Recht der Staaten zu einem Recht der Völker und Menschen weiterentwickelt werden. Grundlage für Frieden und Gerechtigkeit in der Welt sind die Menschenrechte. Aufgabe der NATO als militärischer Spezialorganisation ist es, Recht zu achten und fortzuentwickeln, nicht, es zu brechen.

8. Die Regeln der UN-Charta und des NATO-Vertrags, der die NATO-Staaten ausdrücklich auf eine strikte Beachtung der UN-Charta und des geltenden Völkerrechts verpflichtet, gestatten keinen völkerrechtswidrigen Angriff[225].

9. Dem völkerrechtlichen Gewaltverbot des Art. 2 Ziff. 4 der UN-Charta unterfällt „jede" Art der Anwendung militärischer Waffengewalt.

- Es gibt kein Völkergewohnheitsrecht zur einzelstaatlichen „humanitären Intervention", da es dazu jedenfalls an der erforderlichen übereinstimmenden Rechtsüberzeugung in der Staatengemeinschaft mangelt. Das „Recht zur humanitären Intervention" steht nach geltendem Völkerrecht nur den Organen der Vereinten Nationen zu.

- Der UN-Sicherheitsrat hat weder eigene militärische Zwangsmaßnahme nach Art. 42 UN-Charta beschlossen noch dazu einzelne NATO-Staaten (Art. 42, 48 UN-Charta) oder die NATO als Regionalorganisation (Art. 53 UN-Charta) ermächtigt.

- Der Ausnahmefall des Art. 51 UN-Charta, der die Notwehr und Nothilfe zugunsten eines angegriffenen Staates rechtfertigt, liegt evidentermaßen nicht vor, denn keiner der NATO-Staaten ist militärisch angegriffen worden; kein angegriffener Staat hat um Nothilfe gebeten.

10. Der NATO-Angriff hat zudem auch prekäre Folgen für die Sicherheitslage der NATO-Staaten: Wenn Rußland dem angegriffenen Staat Jugoslawien militärischen Beistand leisten würde, könnte es sich unter Umständen auf das Nothilferecht des Art. 51 UN-Charta berufen. Leon Henkin gehört zu den hervorragendsten Experten für internationales Recht. In einem Standardwerk zur Weltordnung schreibt Henkin: „Verletzungen der Menschenrechte kommen nur allzu häufig vor, und wenn es erlaubt wäre, ihre Verletzung durch den Einsatz äußerer Gewalt zu ahnden, könnte kein Gesetz den Einsatz von Gewalt irgendeines Staates gegen irgendeinen anderen Staat verhindern. Die Menschenrechte müssen meiner Meinung nach durch andere, friedliche Maßnahmen geschützt werden, und nicht dadurch, daß man der Aggression Tür und Tor öffnet und so alle Fortschritte im internationalen Recht, bei der Ächtung des Krieges und beim Verbot des Einsatzes von Gewalt vernichtet".

11. Eine Selbstmandatierung der NATO ist ein gravierender Völkerrechtsbruch mit unabsehbaren Folgen für andere Konfliktlagen. Gerade das Ausmaß der Bombardements geht weit über den in Art. 42 UN-Charta vorgesehenen Rahmen der Zwangsmaßnahmen hinaus. Die nicht nur zufällige Bombardierung ziviler

---

[225] Becker, im Internet: http://www.dfg-vk.de/krieg/k010.htm

und gefährlicher Objekte wie Brücken, chemische Fabriken, Raffinerien und Elektrokraftwerke verstößt eindeutig gegen Schutzvorschriften des I. Zusatzprotokolls von 1977 zu den Genfer Konventionen.

Außerdem verstieß die NATO-Aktion gegen völkerrechtlich relevante Präzedenzfälle und Normen, wie sie etwa geschaffen wurden durch:

- den Nürnberger Gerichtshof,

- die Schlußakte der KSZE in Helsinki aus dem Jahr 1975,

- die UN-Definition von „Aggression" gegen einen souveränen (Mitglied)Staat und deren Verbot,

- die Wiener Konvention aus dem Jahr 1969, mit der sämtliche Verträge und Abkommen für nichtig erklärt werden, deren Abschluß unter (militärischem) Zwang herbeigeführt wird,

- mehrere Genfer Konventionen über Menschenrechte, Völkermord und den Schutz der Zivilbevölkerung in Kriegszeiten,

- die Verfassung der USA,

- das deutsche Grundgesetz,

- Verfassungen und Gesetzesbestimmungen anderer NATO-Staaten und so weiter und so fort.

Menschenrechtsschutz ist nicht durch Gewaltanwendung zu erreichen.

## Exkurs III:
## Die Reaktion der Öffentlichkeit

> *„Im Neo-Krieg verliert vor der Öffentlichkeit,*
> *wer zuviel tötet. "*
> (Umberto Eco)

Wie schon oben angesprochen wurde, daß nur die einige Staaten – Rußland, China, Weißrußland, Indien und Namibia etc. - gegen die NATO-Einsätze im Kosovo waren. Hier soll jedoch die Meinung der Öffentlichkeit dargestellt werden. Meiner Meinung nach, der Krieg, der nach dem Recht nicht gerechtfertigt werden kann, braucht seine Rechtfertigung in Augen der Öffentlichkeit. Nur sie kann Richter sein, der entscheidet, was „gut" oder „schlecht", „gerecht" oder „ungerecht" ist. Aus meiner eigenen Erfahrung: Ich habe viele Bücher, Zeitschriften und andere Veröffentlichungen (etwa Internet) gelesen und die meisten Meinungen, was bezüglich des NATO-Einsatzes im Kosovo angeht, waren einig in ihrem Widerstand zum NATO-Krieg. Im Internet kann man auch Webseiten über den NATO-Krieg finden. Etwa kosova-infoline.de; kosovo.de; yahoo.de/kosovo.html etc. Auch in Deutschland reaktivierten sich zwar vielerorten Friedensgruppen, reagierten viele BürgerInnen mit aufgebrachten Leserbriefen, gab es Demonstrationen (eine von deren fand in Freiburg statt), aber ein großer Aufschrei ging nicht durch Land[226]. Aber natürlich gab es und gibt die Auffassungen, die für den NATO-Einsatz sprachen.

Um alle Meinungen, alle Punkte wiederzugeben, braucht man nicht einen kleinen Abschnitt in Arbeiten solcher Art, sondern kann man ein ganzes Buch (oder mehr) darüber schreiben. Ich versuche ferner nur wenige Ansichten darzustellen.

Zuerst muß die Anklageschrift einer unabhängigen internationalen Untersuchungskommission erwähnt werden[227]. Die Regierungen der USA, des Vereinigten Königreiches, der BRD und jedes NATO-Landes, das an den Angriffen auf Jugoslawien beteiligt war, und selbst die NATO-Generalsekretär und Oberbefehlshaber, Organisationen und Personen werden angeklagt wegen Verbrechen gegen den Frieden, Kriegsverbrechen, Verbrechen gegen die Menschheit und anderer Verletzungen der Prinzipien des Nürnberger Tribunals, der Haager Abkommen, der Genfer Abkommen und anderer Normen des Völkerrechts und nationaler Gesetze; wegen schwerer Verletzungen der Charta der Vereinten Nationen, des NATO-Vertrages und anderer internationaler Verträge, des Völkerrechts und eigene Verfassungen; wegen schwerer Verletzungen der AEMR, des Internationalen Paktes über bürgerliche und politische Rechte, des Internationalen Paktes über wirtschaftliche, soziale und kulturelle Rechte, der Konvention über die Verhütung und Bestrafung des Völkermordes und anderer internationalen Verträge, Konventionen, Deklarationen.

Die wichtigen Ziele des Rechtsbehelfs waren Freiheit für alle Völker des Balkans, in eigener Entscheidung eine Föderation zu bilden; striktes Verbot aller Formen der ausländischen Einmischung; Wiederherstellung der friedenssichernden Funktionen der UNO und Reformen der UNO, die sie effektiv machen und Abschaffung der NATO...

---

[226] Vgl. Schäfer, S. 189
[227] Vollen Text siehe im Internet: http://www.dfg-vk.de/krieg/k132.htm

Am 3. Juli 1999 trafen sich in Berlin Vertreter von Friedenstruppen und – organisationen sowie Einzelpersönlichkeiten. Sie beschlossen die Vorbereitung eines Europäischen Tribunals gegen den NATO-Krieg und eine entsprechende nationale Tagung vom 28.-31. Oktober 1999 in Berlin. Damit hat sich auch in der Bundesrepublik eine Gruppe von Friedensorganisationen vereint, die ähnlich wie das International Action Center und Ramsay Clark in den USA eine öffentliche Verurteilung des NATO-Kriegs und der Kriegsschuldigen anstrebt[228].

Die Tribunale wurde seit Mai gleichzeitig von verschiedenen europäischen Partnern entwickelt, die sich an die deutschen Organisation mit dem Vorschlag gewendet hatten, dabei eng zusammenzuarbeiten. Das wurde auch auf dem Kasseler Friedensratschlag, der Zusammenkunft der Friedensgruppen der BRD, aufgegriffen. Zu den Initiatoren zählen z.B. die Menschenrechtsorganisation und der Antifaschistische Bund Bulgariens, die Humanistische Ärzteorganisation Tschechiens, die Schweizer Friedensbewegung, eine Gruppe von 20 Vertretern und Richtern des Obersten Verwaltungsgerichts Griechenland und italienische Gruppe von Persönlichkeiten. Auch Vertreter der russischen Duma sowie Polens zählen dazu. Von der Vielzahl vertretener Organisationen aus der Bundesrepublik sei die erst im Ergebnis des Krieges entstandene Organisation „Mütter gegen den Krieg" hervorgehoben. Inzwischen gibt es zahlreiche Kontakte zu Friedensgruppen anderer Länder, die auch eigene nationale Veranstaltungen und Tribunale über den Krieg vorbereiten. Es wird im Ergebnis der Beratung von den Teilnehmenden beschlossen, ein gemeinsames Europäisches Tribunal zu veranstalten. Auch die Gruppe Freiburg der deutschen Friedensgesellschaft hat ihre Erklärung zum NATO-Angriffe im Internet veröffentlicht[229]. Nicht zuletzt sind auch Memorandum von IALANA (International Association of Lawyers against Nuclear War), Strafanzeige gegen den Bundesminister für Vertreidigung R. Scharping, den Bundeskanzler G. Schröder sowie (frühere) Abgeordnete des Deutschen Bundestages wegen Vorbereitung eines Angriffskrieges, die von Hamburger Rechtsanwält/innen am 01.04.1999 ausgestellt wurde, zu erwähnen.

Das waren nur einige Meinungen aus Hunderttausenden.

---

[228] Gerade seine Anklageschrift wurde oben dargestellt.

[229] http://www.dfg-vk.de/krieg/k014.htm

## IV. FAZIT

I. Die Luftangriffe einiger NATO-Mitgliedstaaten auf die Bundesrepublik Jugoslawien wegen der „ethnischer Säuberung" des Kosovo haben der seit Inkrafttreten der UN-Charta nicht abgeschlossenen Diskussion über verbotene oder erlaubte Gewaltanwendung eine neue Kontroverse hinzugefügt.

Die völkerrechtliche Position Jugoslawiens und Rußlands ist eindeutig: Die Luftangriffe der NATO-Mitgliedstaaten gegen die BRJ verstoßen gegen das in Art. 2 Abs. 4 UN-Charta niedergelegte Gewaltverbot, weil: a) es gab kein Mandat des Sicherheitsrates zu entsprechenden Zwangsmaßnahmen; b) es war kein Fall der Ausübung eines kollektiven Verteidigungsrechts; und schließlich c) es gab keine ausnahmsweise Rechtfertigung aus humanitären oder moralischen Gründen. Der russische UN-Botschafter hat bei der Annahme der Resolution 1199 erklärt, die SR-Resolution 1199 und 1203 gäben trotz des Hinweises auf die eine Friedens- und Sicherheitsbedrohung darstellende ungelöste Situation keine Ermächtigung zu Zwangsmaßnahmen. Eine kollektive Verteidigungssituation i.S. des Art. 51 UN-Charta läge nicht vor. Ein ausnahmsweise eingreifender Rechtfertigungsgrund der humanitären Intervention zur Verhinderung eines Völkermordes sei nicht anerkannt, und dazu noch die Genozid-Konvention von 1948 lege keine zulässigen Reaktionen im Falle eines Völkermordes im einzelnen fest. Damit sei der NATO-Einsatz völkerrechtswidrig.

Daher ist denkbar, der jugoslawischen Position, was den Einsatzbeginn anbetrifft, vier Positionen entgegenzustellen:

1. Ein völkerrechtlicher Vertrag – so auch die UN-Charta – ist nach einem allgemeinen und unbestrittenen Grundsatz des Völkerrechts nach Treu und Glauben in Übereinstimmung mit der gewöhnlichen, seinen Bestimmungen in ihrem Zusammenhang zukommenden Bedeutung und im Lichte seines Ziels und Zwecks auszulegen[230]. Wie jedes Rechtsverbot, so beschreibt auch das Gewaltverbot nach Art. 2 Abs. 4 UN-Charta einen Schutzbereich, dessen Inhalt und Grenzen nach dem vorstehenden Auslegungsgrundsatz zu bestimmen sind. Der Schutzbereich des Gewaltverbots ist durch die Charta ausdrücklich dadurch bestimmt, daß Gewaltanwendung gegen die politische Unabhängigkeit, die territoriale Unversehrtheit oder auch dann verboten ist, sofern sie mit den Zielen der

---

[230] Dieser allgemein geltende Auslegungsgrundsatz ist in Art. 31 Abs. 1 des Wiener Übereinkommens über das Recht der Verträge kodifiziert worden.

Vereinten Nationen unvereinbar ist. Als Ziele der Vereinten Nationen in diesem Sinne sind indessen in Art. 1 UN-Charta der Weltfrieden, die internationale Sicherheit und die Achtung der Menschenrechte gleichrangig nebeneinander genannt.

In jüngster Zeit hat sich das Verständnis durchgesetzt, daß zumindest schwerwiegende Menschenrechtsverletzungen zugleich eine Störung, zumindest eine Gefährdung des Friedens darstellen. Damit ist rechtslogisch in der Zielbestimmung der Charta enthalten, daß schwerste Menschenrechtsverletzungen, wie sie Massenvertreibungen und Völkermord unzweifelhaft darstellen, unter keinem Aspekt unter dem Schutz der Charta stehen.

Im Falle des Völkermordes läßt sich nicht mit dem Souveränitätsschutz begründen, daß die Androhung oder Anwendung von Gewalt gegen die Durchführung von Völkermord mit den Zielen der Vereinten Nationen unvereinbar ist. Im Gegenteil, hier dient nach dem Proportionalitätsprinzip angedrohte und angewendete Gewalt geradezu der Verwirklichung der Ziele der Vereinten Nationen i.S. des Art. 1 UN-Charta. So verstanden, fällt der Kosovo-Einsatz nicht in den Schutzbereich des Gewaltverbots der Charta, wobei er allerdings strikt begrenzenden Bedingungen unterliegt. Kurz gesagt: Die Massenvertreibungen und Völkermord stehen nach dieser *lege artis* durchgeführten Interpretation indessen nicht unter dem völkerrechtlichen Schutz staatlicher Souveränität.

2. Wer diese Auslegung des Gewaltverbots nicht übernimmt, also eine Verletzung des Art. 2 Abs. 4 UN-Charta durch die NATO-Mitgliedstaaten annimmt, der muß sich mit dem Problem auseinandersetzen, ob diese Charta-Verletzung nicht nach den Grundsätzen der völkerrechtlichen Verantwortlichkeit ausnahmsweise gerechtfertigt ist.

a) Das Recht der kollektiven Verteidigung gegen einen Angriff mit Waffengewalt ist in Art. 51 UN-Charta als ein Recht festgelegt. Dieses Recht hat bereits vor der Charta bestanden und gilt auch außerhalb der Charta als allgemeiner Grundsatz des Völkerrechts. Es ist Recht der Staaten, einem angegriffenen Staat gegen den Angreiferstaat mit Waffengewalt beizustehen.

Die BRJ hat keinen fremden Staat angegriffen, sondern eine ethnische Gruppe ihrer eigenen Staatsangehörigen innerhalb des eigenen Hoheitsgebiets. Mit der Anerkennung von Minderheiten und sonstigen Volksgruppen als partielle Völkerrechtssubjekte wird sich auch ihr Schutz gegen Gewaltanwendung dem Schutz des staatlichen Völkerrechtssubjekts angleichen. Dies ist eine logische Konsequenz der im oben dargestellten Entwicklung, nach der schwerste Menschenrechtsverletzungen als Störungen des Friedens und der internationalen Sicherheit angesehen werden. Ein Angriff mit Waffengewalt auf einen anderen Staat ist eine Störung des Friedens und der internationalen Sicherheit. Gilt das gleiche für den Angriff mit Waffengewalt auf eine bestimmte Volksgruppe, dann ist es logisch folgerichtig, zugunsten dieser Volksgruppe auch die Sanktionen zuzulassen, die das Völkerrecht zugunsten des angegriffenen Staates bereithält. Dies ist noch kein geltendes Völkerrecht, aber eine Entwicklungstendenz, falls der UN-Sicherheitsrat wie bisher bei der faktischen Wahrnehmung des ihm normativ zukommenden Gewaltmonopols versagt.

b) Wer diese Entwicklung nicht annimmt, der muß sich zumindest mit der Frage auseinandersetzen, ob der Kosovo-Einsatz nicht als Maßnahme des Notstandes gerechtfertigt ist. Staatliche Rechtsordnungen kennen den Notstand als Rechtfertigungsgrund (oder als Entschuldigungsgrund) für den Fall, daß ein durch die eigene Rechtsordnung geschütztes Gut von höchstem Wert nur dadurch vor der Verletzung oder Vernichtung bewahrt werden kann, daß eine andere Rechtsvorschrift verletzt wird. Dies ist daher ein allgemeiner Grundsatz des Rechts, der als Völkerrechtsquelle i.S. des Art. 38 Abs. 1 lit. c IGH-Statut angesehen werden kann, gemäß dem Völkerrechtsquellen auch „die von den Kulturvölkern anerkannten allgemeinen Rechtsgrundsätze" sind.

Daß der Schutz von Leib und Leben vor schwersten Menschenrechtsverletzungen (Vertreibung und Völkermord) ein völkerrechtlich geschütztes Rechtsgut höchsten Ranges ist, steht außer Frage. Wird eine von solchen Menschenrechtsverletzungen vorgenommen, könnten militärische Gegenmaßnahmen gegen ihren Verursacher unter Verstoß gegen das Gewaltverbot als Notstandshilfe zumindest dann gerechtfertigt sein, wenn die schwere Menschenrechtsverletzung durch Mittel unterhalb dieser Schwelle nachweislich nicht zu verhindern war. Gerade hiermit wird man sich im Kosovo-Fall in besonderem Maße auseinanderzusetzen haben.

c) Wer auch den völkerrechtlichen Rechtfertigungsgrund des Notstandes nicht akzeptiert, der muß sich schließlich damit auseinandersetzen, ob der Kosovo-Einsatz nicht zumindest als Repressalie gerechtfertigt war. Die Repressalie als letztes Mittel zur Erzwingung völkerrechtsgemäßen Verhaltens ist die Beantwortung eines Völkerrechtsbruchs mit einer Völkerrechtsverletzung gegenüber dem Rechtsbrecher, um diesen zu völkerrechtskonformem Verhalten zu zwingen. Die Repressalie muß im Vergleich mit dem Völkerrechtsbruch verhältnismäßig sein. Daß der Völkermord eine mit massiver Waffengewalt vorgenommene Völkerrechtsverletzung schwerster Kategorie darstellt, die einem verbotenen bewaffneten Angriff durchaus zumindest gleichwertig ist, liegt auf der Hand. Wenn also gegen einen solchen Völkerrechtsbruch fundamentaler Menschenrechte auf Leib und Leben, bewaffnete Gewalt zur Erzwingung der Beendigung solcher ethnischer Säuberung eingesetzt wird, läßt sich dies zumindest als Repressalie kennzeichnen, die sich im Rahmen des Proportionalitätsprinzips hält.

Nach alledem zeigt sich, daß der von der BRJ und Rußland eingenommenen Völkerrechtsposition Argumente entgegengehalten werden können, die gewichtig und in sich schlüssig sind. Ob eine und gegebenenfalls welche der vier Begründungslinien sich einmal durchsetzen wird, läßt sich gegenwärtig nicht feststellen.

II. Aus diesem Grund meinen viele Völkerrechtler, daß wir eine Reform der UNO brauchen. Viele Vorschläge wurden erarbeitet, die meiner Meinung nach nicht wirkungsvoll oder weniger durchführbar sind. So z.B. dem Vorschlag, die Zahl der ständigen und nicht-ständigen Mitglieder des UN-Sicherheitsrates zu erweitern, kann man entgegenstellen, daß die USA oder Rußland durch ihr Veto jederzeit trotzdem ein Mandat blockieren könnten. Ein anderer Vorschlag, nach dem eine Resolution nur durch zwei oder drei Vetos abgelehnt werden kann (sog. Doppel- oder Dreifachveto), kann nicht verwirklicht werden, weil die USA gegen solche Änderung auf jeden Fall sein werden. Andere sehen auch die Möglichkeit, durch die Generalversammlung Zulassung zu Zwangsmaßnahmen gem. „Uniting-for-Peace-Resolution" zu bekommen. Dieser Vorschlag wird immer an Wille der Großmächten scheitern.

Den einzigen Weg sehe ich dagegen in der Kodifizierung des Rechts der humanitären Intervention, wenn die von Staatengemeinschaft anerkannt wird. Ziel dieser Kodifizierung soll die streng präzise Festlegung von Kriterien, Voraussetzungen, Instrumentarien und anderen Normen der humanitären Intervention sein, damit die Mißbrauchsgefahr nicht entsteht. Aber angesichts heutiger Lage der internationalen Politik ist solche Kodifizierung in absehbarer Zeit schwer durchsetzbar oder gar nicht möglich.

III. Insgesamt hat der Einsatz im Kosovo die NATO als ein Bündnis von Staaten, die uneigennützig dem Schutz der Menschenrechten dienen wollen, in einem Grenzzonen hineingeführt, wo sich Recht und Unrecht nur noch schwer unterscheiden lassen. Wer über den Kosovo-Konflikt redet, behandelt mehr eine politische Frage, ergo muß die Antwort auch politisch zu einem gewissen Teil sein. Ich möchte daher das Fazit in dreierlei Hinsicht: in politischer, juristischer und völkerrecht-politischer darstellen.

Als Fazit läßt sich also festhalten:

1. In politischer Hinsicht stand die Staatengemeinschaft vor einem Dillemma: Wäre nicht militärisch interveniert worden und es wiederholte sich in einem mehr oder minder großem Ausmaß die bosnisch-herzegowinische Tragödie, wäre dies vor allem unter humanitären Gesichtspunkten nicht akzeptabel und unter den angeführten politischen Aspekten insuffizient. Außerdem bestand die Gefahr der Eskalation über Kosovo hinaus. Anderseits wurde militärisch ohne Mandat des UN-Sicherheitsrates interveniert. Daher sind nachhaltige Schäden vor allem in völkerrechtlicher und ebenfalls in politischer Hinsicht entstanden, abgesehen von den Unklarheiten hinsichtlich der politischen Ziele militärischen Eingreifens. Nicht zu vergessen ist auch das Problem des Gesichtsverlustes der NATO. Sowohl die Pro- als auch Contra-Entscheidung war mit gravierenden negativen Konsequenzen verbunden. Der Politik muß es in einem solchen Fall einerseits um die Wahl des kleineren Übels und andererseits um den Versuch gehen, aktuelle Entscheidungen unter der Maßgabe langfristiger strategischer Überlegungen zu treffen. Über diese langfristige Überlegungen kann aber spekuliert werden.

2. In juristischer Hinsicht: Es ist schwierig ein eindeutiges rechtliches Fazit zu ziehen, denn die Rechtslage bezüglich der „humanitären Intervention" unklar ist. Sowohl Pro- als auch Contra-Argumenten sind umstritten. Deshalb kann man nicht mit der hundertprozentigen Überzeugung einen präzisen Rechtfertigungsgrund finden. Ein Recht zur Intervention im Falle der schweren Menschenrechtsverletzungen ist schon denkbar, aber meines Erachtens war im Falle des Kosovo-Einsatzes das Verhältnismäßigkeitsprinzip verletzt.

3. In völkerrechtlich-politischer Hinsicht: Wie schon oben eine Auffassung dargestellt wurde, daß die Rechtfertigung nach dem Völkergewohnheitsrecht gefunden werden kann. Allerdings stellt bei der Ausbildung von Völkergewohnheitsrecht der erste Fall, an dem sich eine Praxis bildet, nahezu zwangsläufig einen Bruch des alten Völkerrechts dar. Da sich Völkergewohnheitsrecht mit wenigen Ausnahmen erst auf der Grundlage einer länger andauernden und nachhaltigen Praxis bildet, ist der Zeitraum der Entstehung solchen Gewohnheits-

rechts immer mit rechtlichen Unwägbarkeiten behaftet. Setzt sich die begonnene Praxis jedoch durch, so bedingt es die Besonderheit des Entstehungsprozesses von Völkergewohnheitsrecht, daß alle Fälle, die zur Bildung dieser Praxis beigetragen haben, im nachhinein als rechtmäßig angesehen werden müssen. Deshalb bleibt abzuwarten, wie sich die Staatenpraxis anläßlich des Kosovo-Konflikts weiter entwickelt. Sollte die Staatengemeinschaft das Recht zur humanitären Intervention in absehbarer Zukunft allgemein anerkennen, dann wäre dadurch auch der Einsatz der NATO im Kosovo nachträglich gerechtfertigt.

*Die Rechtsmäßigkeit des Kosovo-Einsatzes der NATO ist deshalb zur Zeit nur schwer zu beurteilen*[231].

---

[231] Kurzgefaßt läßt sich sagen, daß ein grundsätzliches Recht der Staaten zur humanitären Intervention schon in der klassischen Völkerrechtslehre zwar mehrheitlich anerkannt war, über die Voraussetzungen und die Grenzen dieses Rechts jedoch so weitgehende Meinungsdifferenzen bestanden, daß kaum von einer scharf umrissenen Lehre der humanitären Intervention gesprochen werden kann, die als solche Bestandteil des klassischen Völkerrechts hätte werden können.

# LITERATURVERZEICHNIS

## Rechtsquellen

**Abkommen über die Rechtsstellung der Flüchtlinge** vom 28.07.1951, BGBl 1953 II, S. 560

**Allgemeine Erklärung der Menschenrechte** vom 10.12.1948, GV-Res. 217 A (III) vom 10.12.1948, UN-Doc. A/811

**Charta der Vereinten Nationen** vom 26. Juni 1945, BGBl 1973 II, S. 431ff; 1974 II, S. 770; 1980 II, S. 1252

**Das neue Strategische Konzept der NATO** vom 23./24.04.1999

**Entschließung des UN-SR zu Kosovo** vom 10.06.1999, EuGRZ 1999, S. 362

**(Europäische) Konvention zum Schutze der Menschenrechte und Grundfreiheiten** vom 04.11.1950, BGBl 1952 II, S. 686

**Friendly-Relations-Deklaration**

**Genfer Abkommen** vom 12.08.1949 **zum Schutze von Zivilpersonen in Krigszeiten**, BGBl 1954 II, 917ff.

**Genfer Abkommen zum Schutz der Kriegsopfer** vom 12.08.1949, BGBl 1953/155, 610

**Genfer Abkommen über die Behandlung Kriegsgefangenen** vom 12.08.1949, BGBl 1953, S. 740

**I. Haager Abkommen zur friedlichen Erledigung internationaler Streitfälle** vom 18.10.1907, RGBl 1910, S. 5

**Internationaler Pakt über bürgerliche und politische Rechte** vom 19.12.1966 (1976 Inkrafttreten), BGBl II 1973, 1534ff.

**Internationaler Pakt über wirtschaftliche, soziale und kulturelle Rechte** vom 19.12.1966, BGBl 1973 II, S. 1570

**Kellog-Pakt über die Ächtung des Frieges** vom 27.08.1928, RGBl 1928 II, S. 97

**Konvention gegen Folter und andere grausame, unmenschliche oder erniedrigende Behandlung oder Strafe** vom 10.12.1984, nicht in Kraft getreten, GAOR, 39th Session, Resolutions, Suppl. No. 51 (UN-Doc. A/39/51) p. 197

**Konvention über Verhütung und Bestrafung des Völkermordes** vom 09.12.1948, BGBl 1954 II, S. 730

**Nordatlantikvertrag** vom 04.04.1949, BGBl 1955 II, S. 289

**„Rambouillet-Abkommen" (Vorläufiges Abkommen für Frieden und Selbstverwaltung im Kosovo)** vom 23.02.1999, http://www.blaetter.de/bilder/ramb0599.htm

**Resolutionen des UN-Sicherheitsrates 1160, 1190, 1203,** http://www.gfbv.de/uno/kosovo.htm

**Statut des Ad-hoc-Strafgerichtshöfe zum ehemaligen Jugoslawien und Ruanda,** UN-Doc. E/CN.4/Sub.2/1994/18, para. 19

**Statut des IGH** vom 26.06.1945, BGBl 1973 II, S. 505

**Statut des IStGH**, Humanitäres Völkerrecht – Informationsschriften 3/1998, S. 180ff.

**United Nations, Human Rights: A Complication of International Instruments of the United Nations, UN-Doc.** ST/HR/1 (1973) (zitiert: UN, Human Rights)

**Wiener Übereinkommen über das Recht der Verträge** vom 23.05.1969, BGBl 1985 II, S. 927

**Zusatzprotokoll zu den Genfer Abkommen vom 12.08.1949 über den Schutz der Opfer internationaler bewaffneten Konflikte (ZP I)** vom 12.12.1977, AS 1982, S. 1362

**Zusatzprotokoll zu den Genfer Abkommen vom 12.08.1949 über den Schutz der Opfer internationaler bewaffneten Konflikte (ZP II)** vom 12.12.1977, AS 1982, S. 1432

**Zusatzprotokol zur Konvention zum Schutze der Menschenrechte und Grundfreiheiten** vom 20.03.1952, BGBl 1956 II, S. 1880

**II Zusatzprotokol zur Konvention zum Schutze der Menschenrechte und Grundfreiheiten** vom 06.05.1963, BGBl 1968 II, S. 1112

## Lehrbücher

**Dahm, G.** Völkerrecht, Bd. I, Stuttgart 1958, Bd. II, Stuttgart 1961, Bd. III, Stuttgart 1963 (zitiert: Dahm)

**Doehring, K.** Völkerrecht, C.K. Müller, Heidelberg 1999 (zitiert: Doehring)

**Ipsen, K.** Völkerrecht, München, 3. Aufl. 1990 (zitiert: Ipsen)

**Kimminich, O.** Einführung in das Völkerrecht, Tübingen, Basel, 6. Aufl. 1997 (zitiert: Kimminich)

**Seidl-Hoehnveldern, I.** Völkerrecht, Köln, 9. Aufl. 1997 (zitiert: Seidl-Hoehnveldern)

**Verdross, A./Simma, B.** Universelles Völkerrecht, Berlin, 3. Aufl. 1984 (zitiert: Verdross)

**Vitzthum, Graf W. (HG.)** Völkerrecht, Berlin, 1997 (zitiert: Vitzthum)

## Kommentare

**Simma, B. (Hg.)** Charta der Vereinten Nationen. Kommentar, München, 1991 (zitiert: Simma)

## Sonstige Literaturquellen

**AEMR,** http://www.uno.de/themen/menschenrechte/UDHR.htm

**Albrecht, U.** Nach-Denken über den Krieg, in: Albrecht,U./Schäfer, P. (Hg.) Der Kosovo-Krieg: Fakten, Hintergründe, Alternativen, Köln 1999 (zitiert: Albrecht)

**Albright, M.** Kosovo-Einsatz kein Präzedenzfall, http://www.spiegel.de/politik/ausland/0,1518,29248,00.html

**Alle Menschenrechte für alle: 50 Jahre AEMR 1948-1998,** http://www.uno.de/themen/menschenrechte/50jahre.htm

**Altvater, E.** Menschenrechte und Bomben oder die Militarisierung der Politik, in: Albrecht, U./Schäfer, P. Der Kosovo-Krieg: Fakten, Hintergründe, Alternativen, Köln 1999 (zitiert: Altvater)

**Anklageschrift der internationalen Untersuchungskommission,** http://www.dfg-vk.de/krieg/k132.htm

**Annan, Kofi** Entscheidungen über Gewaltanwendung erfordern Einschaltung des Sicherheitsrates, http://www.uno.de/presse/1999/unic157.htm

**Annan, Kofi** Flüchtlingen und Vertriebenen muß Sicherheit und Schutz gewährt werden, http://www.uno.de/presse/1999/unic158.htm

**Arten von UNO-Missionen,** http://www.bundeswehr.de/sicherheitspolitik/uno-missionen/arten.htm

**Asbach, O.** Das Recht, die Politik und der Krieg, in: Lutz, D.S. Der Kosovo-Krieg: Rechtliche und rechtsethische Aspekte, Nomos Verlag, München 1999/2000

**Baumgartner, I./Baumgartner, W.** Das Ausland im Balkan-Krieg, in: Baumgartner, I./Baumgartner,W. Der Balkan-Krieg der 90-er: Fakten, Hintergründe, Analysen, Zukunftsperspektiven, Berlin, 1. Aufl., 1997 (zitiert: Baumgartner)

**Becker, P.** Wo bleibt das Völkerrecht? http://www.dfg-vk.de/krieg/k010.htm

**Beestemöller, G.** Abschied von der UNO? in: Lutz, D.S. Der Kosovo-Krieg: Rechtliche und rechtsethische Aspekte, Nomos Verlag, München 1999/2000

**Beham, M.** Chronik eines angeordneten Verbrechens, in: Bitterman, K./Deichmann, T.(Hg.) Wie Dr. Joseph Fischer lernte, die Bomben zu lieben, Berlin 1999 (zitiert: Beham)

**Beyerlin, U.** Die humanitäre Aktion zur Gewährleistung des Mindeststandards in nicht-internationalen Konflikten, Schriften zum Völkerrecht, Bd. 45, Berlin 1975 (zitiert: Beyerlin)

**Bildertagebuch,** http://www.spiegel.de/politik/ausland/0,1518,24740,00.html

**Blanke, H.-J.** Menschenrechte als völkerrechtliche Interventionstitel, in: Archiv des Völkerrechts, 36. Band, 1998, S.257 ff.

**Blanke, T.** Das Dilemma zwischen Menschenrechten und Völkerrecht, FR v. 29.03.1999 (zitiert: Blanke)

**Brownlie, I.** Basic Documents on Human Rights, 2nd ed, Oxford 1981 (zitiert: Brownlie)

**Brunkhorst, H.** Menschenrechte und Intervention, in: Lutz, D.S. Der Kosovo-Krieg: Rechtliche und rechtsethische Aspekte, Nomos Verlag, München 1999/2000

**Bundeszentrale für politische Bildung,** Europa an der Schwelle zum 21. Jahrhundert: Reform und Zukunft der Europäischen Union, Bonn 1998

**Bundesausschuß Friedensratschlag,** Friedesnsmemorandum 1999: Kosovo und das Völkerrecht, in: NATO-Krieg und Kosovo-Konflikt, Marxistische Blätter: Spezial

**Chandler, D.** Vom Demokratie-Schwindel in Dayton zur Demokratie-Abschaffung in Rambouillet, in: Bitterman, K./Deichmann, T.(Hg.) Wie Dr. Joseph Fischer lernte, die Bomben zu lieben, Berlin 1999

**Chimeli, R.** Menschenrechte, Menschenpflichten, in: Lutz, D.S. Der Kosovo-Krieg: Rechtliche und rechtsethische Aspekte, Nomos Verlag, München 1999/2000

**Chomsky, N.** Krieg auf dem Balkan: Die USA und das Völkerrecht, in: Bitterman, K./Deichmann, T.(Hg.) Wie Dr. Joseph Fischer lernte, die Bomben zu lieben, Berlin 1999

**Chomsky, N.** NATO-Bomben auf Jugoslawien: Ein Blick hinter die Rhetorik, in: NATO-Krieg und Kosovo-Konflikt, Marxistische Blätter: Spezial

110

**Chossudovsky, M.** Die Zerschlagung des ehemaligen Jugoslawien und Rekolonialisierung Bosniens, in: NATO-Krieg und Kosovo-Konflikt, Marxistische Blätter: Spezial

**Ciric, A.** NATO vs. Jugoslawien, http://home.t-online.de/home/yukomitee/page29.htm

**Czempiel, E.-O.** Die NATO als Westpolizist, in: Bitterman, K./Deichmann, T.(Hg.) Wie Dr. Joseph Fischer lernte, die Bomben zu lieben, Berlin 1999

**Deiseroth, D.** „Humanitäre Intervention" und Völkerrecht, NJW 1999, S. 3084

**Delbrück, J.** Effektivität des UN-Gewaltverbots, in: Lutz, S. (Hrsg.) Der Kosovo-Krieg: Rechtliche und rechtsethische Aspekte, Nomos Verlag, Baden-Baden 1999/2000

**Der Tag danach: Pressekommentare zum Kosovo,** http://www.spiegel.de/politik/ausland/0,1518,26546,00.html

**Diensbier, Jiri** Bericht des UN-Sonderberichterstatters zur Situation der Menschenrechte in Bosnien-Herzegowina, Kroatien und Jugoslawien vom 14.4.98, UN-Doc. E/CN.4/1998/164

**Ehrhart, H.-G./Karadi, M.Z.** Krieg in Sicht! Die internationale Gemeinschaft und der Kosovo, in: S+F 1998 (zitiert: Ehrhart/Karadi)

**Ein politischer Interimsrahmen für den Kosovo-Konflikt,** Bertelsmann Wissenschaftsstiftung, München 1999

**Europäischen Tribunals gegen den NATO-Krieg,** http://www.dfg-vk.de/krieg/k122.htm

**Final Report of the Commission of Experts Established Pursuant to Security Council** Res. 780 (1992), S/1994/674 of May 1994

**Fink, U.** Kollektive Friedenssicherung, Berlin 1999 (zitiert: Fink, Kollektive Friedenssicherung)

**Fink, U.** Verfassungsrechtliche und verfassungsprozeßrechtliche Fragen im Zusammenhang mit dem Kosovo-Einsatz der Bundeswehr, JZ 21/1999, S.1016 ff. (zitiert: Fink)

**Frank, A.G.** Die politische Bombe der NATO im Kosovo, in: Hofbauer, H. (Hg.) Balkan-Krieg. Die Zerstörung Jugoslawiens, Wien 1999 (zitiert: Frank)

**Funke, H./Rhotert,A.** Unter unseren Augen. Ethnische Reinheit: Die Politik des Milocevic-Regimes und die Rolle des Westens, Berlin 1999

**Gading, H.** Der Schutz grundlegender Menschenrechte durch militärische Maßnahmen des Sicherheitsrates – das Ende staatlicher Souveränität? Heidelberg 1996

**Gesellschaft für bedrohte Völker (GfbV)** Kosovo: Krieg, Vertreibung, Massaker, Ein Bericht der GfbV August 1998, Göttingen 1998

**Ghali, B.B.** Friedenserhaltung durch die UNO, eine Chance für den Weltfrieden, Europa Archiv 1993, S. 123ff.

**Giersch, C.** Konfliktregulierung in Jugoslawien 1991-1995: Die Rolle von OSZE, EU, UNO und NATO, Baden-Baden 1998 (zitiert: Giersch)

**Grabert, H.** Die viel Gesichter des Kosovo-Krieges, in: Albrecht,U./Schäfer, P. (Hg.) Der Kosovo-Krieg: Fakten, Hintergründe, Alternativen, Köln 1999

**Graf, W.** Die Wiederkehr der albanischen Frage und die Gefahr eines neuen Balkankrieges, in: Dialog, Beiträge zur Friedensforschung 34 (1998)1-2, 392ff. (zitiert: Graf, in: Dialog)

**Grewe, G.** Epochen der Völkerrechtsgeschichte, 1984 (zitiert: Grewe)

**Großoffensive serbischer Truppen im Kosovo,** SZ v. 30.6.98

**Habermaß, J.** Bestialität und Humanität, in: Lutz, D.S. Der Kosovo-Krieg: Rechtliche und rechtsethische Aspekte, Nomos Verlag, München 1999/2000

**Hartmann, K.** Das „Massaker von Racak" folgt dem Muster des „Überfalls auf dem Sender Gleiwitz" in: NATO-Krieg und Kosovo-Konflikt, Marxistische Blätter: Spezial

**Heintze, H.-J.** Die Völkerrechtliche Verantwortlichkeit der Föderativen Republik Jugoslawien und die Massenflucht aus dem Kosovo, Europa Archiv 1999, S.9ff. (zitiert: Heintze)

**Herzinger,R.** Unheiliger Wahnsinn / Hockt über grimmigen Waffen. Vom Versagen des Westens zum Krieg der Werte, in: Schmid, T.(Hg.) Krieg im Kosovo, Hamburg 1999

**Hilpold, P.** Auf der Suche nach Instrumenten zur Lösung des Kosovo-Konfliktes: Die trügerische Faszination von Sezession und humanitärer Intervention, in: Marko, J.(Hrsg.) Gordischer Knoten Kosovo: Durchschlagen oder entwirren? Baden-Baden 1999 (zitiert: Hilpold)

**Hofbauer, H.** Wie Jugoslawien zerstört wurde, in: NATO-Krieg und Kosovo-Konflikt, Marxistische Blätter: Spezial

**Höffe, O.** Humanitäre Intervention? in: Lutz, D.S. Der Kosovo-Krieg: Rechtliche und rechtsethische Aspekte, Nomos Verlag, München 1999/2000

**IALANA (Hg.)** Atomwaffen vor dem IGH, Münster 1997

**Ipsen, K.** Der Kosovo-Einsatz – Illegal?Gerechtfertigt?Entschuldbar? in: Lutz, S. (Hrsg.) Der Kosovo-Krieg: Rechtliche und rechtsethische Aspekte, Nomos Verlag, Baden-Baden 1999/2000

**Isensee, J.** Weltpolizei für Menschenrechte, in: JZ 1995, 421ff. (zitiert: Isensee)

**Johnstone, D.** Das Kosovo-Problem und die „Internationale Staatengemeinschaft", in: NATO-Krieg und Kosovo-Konflikt, Marxistische Blätter: Spezial

**Justenhoven, H.-G.** Selbstbestimmungsrecht der Völker und Nichteinmischung in innere Angelegenheiten im Widerstreit, in: Lutz, D.S. Der Kosovo-Krieg: Rechtliche und rechtsethische Aspekte, Nomos Verlag, München 1999/2000

**Kalman, M.** Krieg, Flucht und Vertreibung, in: Albrecht,U./Schäfer, P. (Hg.) Der Kosovo-Krieg: Fakten, Hintergründe, Alternativen, Köln 1999 (zitiert: Kalman)

**Kempen, O.E.** Was man tut und was man darf, FAZ v. 9.06.99, S. 2

**Kimminich, O.** Das Recht auf die Heimat, Mainz 1989 (zitiert: Kimminich, Heimat)

**Klein, E.** Universeller Menschenrechtsschutz- Realität oder Utopie? EuGRZ 1999/S. 109ff.

**Köhler, M.** Zum völkerrechtlichen Begriff der humanitären Intervention, in: Lutz, S. (Hrsg.) Der Kosovo-Krieg: Rechtliche und rechtsethische Aspekte, Nomos Verlag, Baden-Baden 1999/2000

**Körting, E.** Es ist Zeit für einen völkerrechtgemäßen Zustand, FR v. 17.04.97, S. 7

**Kraft, E.** Der Balkan nach Dayton: Auf dem Weg zu einer trügerischen Stabilität? In: P. Trummer/S. Fleischer/W. Pühs (Hg.) Die Lage im östlichen Mittelmeerraum als Aspekt deutscher Sicherheitspolitik, Baden-Baden 1997 (zitiert: Kraft)

**Krieg ist ein Verbrechen,** http://www.dfg-vk.de/krieg/k024.htm

**Kriele, K.** in: Recht, Vernunft, Wirklichkeit 1990, 204ff.

**Krusewitz, K.** Umweltkrieg – ökologische und humanitäre Folgen, in: Albrecht,U./Schäfer, P. (Hg.) Der Kosovo-Krieg: Fakten, Hintergründe, Alternativen, Köln 1999 (zitiert: Krusewitz)

**Kühne, W.** Humanitäre NATO-Einsätze ohne Mandat? in: Lutz, S. (Hrsg.) Der Kosovo-Krieg: Rechtliche und rechtsethische Aspekte, Nomos Verlag, Baden-Baden 1999/2000

**Lange, C.** Zur Fragen der Rechtmäßigkeit des NATO-Einsatzes im Kosovo, EuGRZ 1999/S. 313ff. (zitiert: Lange)

**Lauterpacht, H.** International Law and Human Rights, London 1950 (zitiert: Lauterpacht)

**Lefort, C.** Menschenrechte und politisches Handeln, Vortrag vom 1. Juli 1999 an der Hochschule für Wirtschaft und Politik, Hamburg

**Lübkemeier, E.** Wenn weniger mehr ist, FAZ vom 19.04.1999, S. 11

**Lutz, D.S.** Das Faustrecht der NATO: politische und rechtliche Aspekte der gegenwärtigen Entwicklung der westlichen Staaten, in: Schmid, T.(Hg.) Krieg im Kosovo, Hamburg 1999

**Lutz, D.S.** Interventionen – Krieg als Ultima Ratio? In: Rathfelder, E. (Hrsg.) Krieg auf dem Balkan, Hamburg 1992 (zitiert: Lutz)

**Lutz, D.S.** Wohin treibt (uns) die NATO? in: Lutz, S. (Hrsg.) Der Kosovo-Krieg: Rechtliche und rechtsethische Aspekte, Nomos Verlag, Baden-Baden 1999/2000

**Lutz, D.S.** Angriff und Verteidigung sind Siegerdefinitionen, oder: War der Kosovo-Krieg wirklich unanwendbar? in: Lutz, S. (Hrsg.) Der Kosovo-Krieg: Rechtliche und rechtsethische Aspekte, Nomos Verlag, Baden-Baden 1999/2000

**Magnusson, K.** Wie der Kosovo-Konflikt begann, in: Bitterman, K./Deichmann, T.(Hg.) Wie Dr. Joseph Fischer lernte, die Bomben zu lieben, Berlin 1999

**Marko, J.** Kosovo – Ein Gordischer Knoten? In: Marko, J.(Hg.) Gordischer Knoten Kosovo: Durchschlagen oder entwirren? Baden-Baden 1999 (zitiert: Marko)

**Maßgebliche Teile des „Rambouillet-Abkommens",**
http://www.blaetter.de/bilder/ramb0599.htm

**McDougal, M.S./Lasswell,H.D./Chen, L.-C.** Human Rights and World Publik Order, London 1980 (Zitiert: McDougal./Lasswell/Chen)

**Menzel, W. Rüstungs-Informationsbüro Baden-Württemberg, Freiburg und Neeb, C. Deutsche Friedensgesellschaft-Vereinigte KriegsdienstgegnerInnen, Gruppe Freiburg** Wir führen keinen Krieg, http://www.dfg-vk.de/krieg/k014.htm

**Merkel, R.** Das Elend der Beschützten, in: Lutz, D.S. Der Kosovo-Krieg: Rechtliche und rechtsethische Aspekte, Nomos Verlag, München 1999/2000

**Merkel, S.** NATO im Angriffskrieg, in: Die Zeit vom 12.5.99, S. 10 (zitiert: Merkel)

**Meyer-Lindenberg, H.** Die Menschenrechte im Völkerrecht, in: Berichte der deutschen Gesellschaft für Völkerrecht, Heft 4, S. 84ff, Karlsruhe 1961 (zitiert: Meyer-Lindenberg)

**Militärexperte: Den Gegner blind, taub und stumm machen,**
http://www.spiegel.de/politik/ausland/0,1518,27791,00.html

**Militärische Umsetzung eines Rambouillet-Abkommens für Kosovo sowie NATO-Operationen im Rahmen der Notfalltruppe,**
http://www.bundeswehr.de/sicherheitspolitik/uno-missionen/kosovo_8.htm

**Münch, P.** Die Würfel sind gefallen, in: SZ vom 25.3.99, S. 4 (zitiert: Münch)

**Mündlicher Vortrag der BRJ vor dem IGH vom 10.5.99 zum Antrag auf Erlaß vorsorglicher Maßnahmen,** http://www.icj.cij.org/icjwww/idocket/iyus/iyusframe.htm

**Münzel, F.** Läßt sich die Unabhängigkeit Kosovos völkerrechtlich begründen? in: Marko, J.(Hg.) Gordischer Knoten Kosovo: Durchschlagen oder entwirren? Baden-Baden 1999

**Murswiek, D.** Souveränität und humanitäre Intervention, Der Staat 1996, S. 31 (zitiert: Murswiek)

**Myrdal, J.** Aufruf für eine neue Friedensfront, in: NATO-Krieg und Kosovo-Konflikt, Marxistische Blätter: Spezial

**NATO: 50 Jahren,** http://www.bundeswehr.de/sicherheitspolitik/buendnisse/nato.html

**NATO-Eine Allianz im Wandel,** http://www.bundeswehr.de/sicherhe.../buendnisse/nato50/wandel_27.html

**NATO-Brief,** Nr. 1-4 1998, Nr. 1,2 1999 + Jubiläumssonderausgabe: 50 Jahre NATO

**NATO-Einsatz letztes Mittel,** SZ v. 24.6.98

**NATO-Rat: KFOR-Einsatzplan gebilligt,** http://www.spiegel.de/politik/ausland/0,1518,26408,00.html

**Neuber, A.** Neue NATO-Strategie: Faustrecht gegen den Rest der Welt, in: NATO-Krieg und Kosovo-Konflikt, Marxistische Blätter: Spezial

**Oberg, J.** Kanonenboot-Diplomatie in Rambouillet, in: Bitterman, K./Deichmann, T.(Hg.) Wie Dr. Joseph Fischer lernte, die Bomben zu lieben, Berlin 1999

**Oeter, S.** Völkerrechtliche Rahmenbedingungen und die Staatengemeinschaft, in: Melcic, D.(Hg.) Der Jugoslawien-Krieg, Opladen 1999

**Paech, N.** „Humanitäre Intervention" und Völkerrecht, in: Albrecht, U./Schäfer, P.(Hrsg.) Der Kosovo-Krieg: Fakten, Hintergründe, Alternativen, Köln 1999 (zitiert: Paech)

**Pare, M.** Humanitäre Intervention, Berlin 1997 (zitiert: Pare)

**Pauer, A.** Die humanitäre Intervention: Militärische und wirtschaftliche Zwangsmaßnahmen zur Gewährleistung der Menschenrechte, Basel 1985 (zitiert: Pauer)

**Pertinax, v.** Kosovo und Völkerrecht, Europa Archiv 1999, S.77ff.

**Pflüger, T.** Die NATO im Angriffskrieg, http://www.comlink.de/-graswurzel/kosovo/natoangriff.html

**Pohrt, W.** Make Love Not War, in: Bitterman, K./Deichmann, T.(Hg.) Wie Dr. Joseph Fischer lernte, die Bomben zu lieben, Berlin 1999

**Pradetto, A.** Die NATO, humanitäre Intervention und Völkerrecht, Aus Politik und Zeitgeschichte, B 11/99, S. 26

**Pradetto, A.** Konfliktmanagement durch militärische Intervention? Dilemmata westlicher Kosovo-Politik, Hamburg 1998 (zitiert: Pradetto)

**Preuß, U.K.** Zwischen Legalität und Gerechtigkeit, in: Lutz, S. (Hrsg.) Der Kosovo-Krieg: Rechtliche und rechtsethische Aspekte, Nomos Verlag, Baden-Baden 1999/2000

**Pumphrey, G.** Hände weg von Jugoslawien! in: NATO-Krieg und Kosovo-Konflikt, Marxistische Blätter: Spezial

**Raussendorff, v. K.** Die NATO-Mächte sind nicht nur Verbündete, in: NATO-Krieg und Kosovo-Konflikt, Marxistische Blätter: Spezial

**Resolutionen 1160 und 1199 des UN-Weltsicherheitsrates von 1998,** http://www.gfbv.de/uno/kosovo.htm

**Reuter, J.** Die Entstehung des Kosovo-Problems, Aus Politik und Zeitgeschichte, B34/99, S. 3 (u.a. auch andere Aufsätze aus diesem Nummer)

**Roth, J.** The Minimum Standard of International Law Applied to Aliens, Oxford 1949 (zitiert: Roth)

**Rüb, M.** Kosovo: Ursachen und Folgen eines Krieges in Europa, München 1999 (zitiert: Rüb)

**Rühle, M.** Krisenmanagement in der NATO, in: Farwick, D. (Hg.) Krisen. Die große Herausforderung unserer Zeit, Bonn 1994 (zitiert: Rühle), oder in: Pühs, W./ Weggel, T./ Richter, C. (hrsg.) Sicherheitspolitisches Symposium Balkankonflikt, Baden-Baden 1994

**Rumpf, H.** Der internationale Schutz der Menschenrechte und das Interventionsverbot, Baden-Baden 1981 (zitiert: Rumpf)

**Rupp, R.** Die Aggression gegen Jugoslawien und neue NATO, in: NATO-Krieg und Kosovo-Konflikt, Marxistische Blätter: Spezial

**Sandoz, Y.** et al (eds) Commentary on the Additional Protocols, Genf 1987 (zitiert: Sandoz)

**Scharping, R.** Wir dürfen nicht wegsehen, Berlin 1999

**Schaumann, W. (Hg.)** Der völkerrechtliche Schutz der Menschen – und Freiheitsrechte in seiner Verwirklichung durch die Vereinten Nationen, in: JbIR 13: 154ff. (1967) (zitiert: Schaumann, Schutz der Menschenrechte)

**Schäfer, P.** Alles paletti?- Eine erste Bilanz, in: Albrecht,U./Schäfer, P. (Hg.) Der Kosovo-Krieg: Fakten, Hintergründe, Alternativen, Köln 1999

**Scheer, H.** Von der Selbstbeschränkung im Kriege, in: Lutz, D.S. Der Kosovo-Krieg: Rechtliche und rechtsethische Aspekte, Nomos Verlag, München 1999/2000

**Scheffran, J.** Vom Konflikt zur Katastrophe – Wie die NATO die Gewaltspirale im Kosovo verstärkte, in: Albrecht, U./Schäfer, P. Der Kosovo-Krieg: Fakten, Hintergründe, Alternativen, Köln 1999

**Schircks, R.** Grundprinzipien des Kriegsrechts – Zum 100jährigen Bestehen der Martens'schen Klausel, in: Lutz, D.S. Der Kosovo-Krieg: Rechtliche und rechtsethische Aspekte, Nomos Verlag, München 1999/2000

**Schmid**, T.(Hg.) Krieg im Kosovo, Hamburg 1999

**Schmidt-Eenboom**, E. Kosovo-Krieg und Interesse: Einseitige Anmerkungen zur Geopolitik, in: Bitterman, K./Deichmann, T.(Hg.) Wie Dr. Joseph Fischer lernte, die Bomben zu lieben, Berlin 1999

**Schmierer, J.** Der Kosovo-Krieg 1999, in: Melcic, D. (Hg.) Der Jugoslawien-Krieg, Opladen 1999

**Schröder: Keine andere Wahl als Luftangriffe gegen Jugoslawien,** http://www.kosova-info-line.de/kil/neueste_nachrichten-2054.html

**Schweisfurth, T.** Kosovo-Konflikt, FAZ v. 20.1.95, S.2

**Schwelb, E.** Human Rights and the International Community, New York, 1964 (zitiert: Schwelb, Human Rights)

**Senghaas, D.** Der Grenzfall: Weltrechtsordnung vs. Rowdiestaaten, in: Lutz, S. (Hrsg.) Der Kosovo-Krieg: Rechtliche und rechtsethische Aspekte, Nomos Verlag, Baden-Baden 1999/2000

**Sharp, J.M.O.** Festfall Kosovo, in: Internationale Politik 6/1998, 28ff. (zitiert: Sharp)

115

**Simma, B.** Die NATO-Bomben sind eine läßliche Sünde, Interview mit der Süddeutschen Zeitung vom 25.3.99, S. 5 (zitiert: Simma)

**Simma, E.** Der Kosovo-Einsatz und das Völkerrecht, http://www.ejil.org/journal/voll0/noI.html (zitiert: Simma im Internet)

**Sohn, L.B./Buergenthal, T.** Basic Documents on International Protection of Human Rights, New York 1973 (zitiert: Sohn,/Buergenthal)

**Solana befiehlt NATO-Angriffe auf Jugoslawien,** http://www.kosova-info-line.de/kil/neueste_nachrichten-2077.html

**Solana, J.** Luftkrieg beendet, http://www.spiegel.de/politik/ausland/0,1518,27953,00.html

**Strutynski, P.** Es gibt keine Alternative zum Frieden, in: NATO-Krieg und Kosovo-Konflikt, Marxistische Blätter: Spezial

**Thürer, D.** Die NATO-Einsätze in Kosovo und das Völkerrecht, in: Lutz, S. (Hrsg.) Der Kosovo-Krieg: Rechtliche und rechtsethische Aspekte, Nomos Verlag, Baden-Baden 1999/2000

**Tomuschat, C.** Das Recht auf die Heimat, in: Festschrift Partsch, Berlin 1989 (zitiert: Tomuschat)

**Tomuschat, C.** Völkerrechtliche Aspekte des Kosovo-Konflikts, in: Lutz, D.S. Der Kosovo-Krieg: Rechtliche und rechtsethische Aspekte, Nomos Verlag, München 1999/2000

**Tönnies, S.** Die gute Absicht allein ist suspekt, in: Lutz, D.S. Der Kosovo-Krieg: Rechtliche und rechtsethische Aspekte, Nomos Verlag, München 1999/2000

**Tretter, H./Müller, S./Demaj,V.** Die Verfolgung der albanischen Volksgruppe im Kosovo: Völkerrechtliche Konsequenzen der Verletzungen des humanitären Rechts, in: Marko, J.(Hg.) Gordischer Knoten Kosovo: Durchschlagen oder entwirren? Baden-Baden 1999 (zitiert: Tretter/Müller/Demaj)

**Umweltbundesamt,** Erste Einschätzungen zu den ökologischen Auswirkungen des Krieges in Jugoslawien, unveröffentl. Ms., Berlin, 5. Mai 1999

**UNO-Generalsekretär Kofi Annan nennt Voraussetzungen für die Einstellung der Feindseligkeiten im Kosovo,** http://www.uno.de/presse/1999/unic160.htm

**Varwick, J./Woyke, W.** NATO 2000, Opladen 1999 (zitiert: Varwick/Woyke)

**Völkermord im Kosovo: „Reform der UNO und des Völkerrechts dringender denn je",** http://www.dfg-vk.de/krieg/k001.htm

**Vorscherau, H.** Krieg als Mittel der Politik, in: Lutz, S. (Hrsg.) Der Kosovo-Krieg: Rechtliche und rechtsethische Aspekte, Nomos Verlag, Baden-Baden 1999/2000

**Walter, H.** Das Kosovo im Visier von USA und NATO, in: NATO-Krieg und Kosovo-Konflikt, Marxistische Blätter: Spezial

**Weber, H.** Die NATO-Aktion war unzulässig, in: Lutz, S. (Hrsg.) Der Kosovo-Krieg: Rechtliche und rechtsethische Aspekte, Nomos Verlag, Baden-Baden 1999/2000

**Wilms, H.** Der Kosovo-Einsatz und das Völkerrecht, ZRP 1999, S. 227ff. (zitiert: Wilms)

**Wiseberg, L.S./Scoble, H.M.** Recent Trends in the Expanding Universe of Non-Governmental Organizations Dedicated to the Protection of Human Rights, Denver J International Law and Politics 8: 627-658 (1979) (zitiert: Wiseberg/Scoble)

**Wollenschläger, M.** Die Flüchtlinge aus und in den Balkanländern, Europa Archiv 1999, S.3ff.(zitiert: Wollenschläger)

**Zielcke,** A. Individuen, hört die Signale, SZ v. 17./18. April 1999

**Zuck, R.** Der Krieg gegen Jugoslawien, ZRP 1999, S.225ff.

**Zum NATO-Krieg...** http://staff-www.uni-marburg.de/-rillingr/akt/serbien10.htm

**Zumach,** A. 80 Prozent unserer Vorstellungen werden durchgepeitscht. Die letzte Chance von Rambouillet und die Geheimdiplomatie um den „Annex B", in: Schmid, T.(Hg.) Krieg im Kosovo, Hamburg 1999

**Zwerenz, G.** Man wird sich entscheiden müssen, in: Albrecht,U./Schäfer, P. (Hg.) Der Kosovo-Krieg: Fakten, Hintergründe, Alternativen, Köln 1999

www.ingramcontent.com/pod-product-compliance
Lightning Source LLC
Chambersburg PA
CBHW020840210326
41598CB00019B/1959